丛书主编▪李伟

国务院发展研究中心研究丛书2012

# 城市病

## 中国城市病的制度性根源与对策研究

**URBAN DISEASE:**

AN INSTITUTIONAL ANALYSIS OF CHINA'S "URBAN DISEASE"

**林家彬 王大伟 等著**

中国发展出版社
CHINA DEVELOPMENT PRESS

**图书在版编目（CIP）数据**

城市病——中国城市病的制度性根源与对策研究/林家彬，王大伟等著．—北京：中国发展出版社，2012.9
ISBN 978-7-80234-841-7

Ⅰ．城…　Ⅱ．①林…　②王…　Ⅲ．城市—社会问题—研究—中国　Ⅳ．D669

中国版本图书馆 CIP 数据核字（2012）第 212466 号

书　　　名：城市病——中国城市病的制度性根源与对策研究
著作责任者：林家彬　王大伟　等
出 版 发 行：中国发展出版社
（北京市西城区百万庄大街 16 号 8 层　100037）
标 准 书 号：ISBN 978-7-80234-841-7
经　销　者：各地新华书店
印　刷　者：北京科信印刷有限公司
开　　　本：700×1000mm　1/16
印　　　张：13.25
字　　　数：150 千字
版　　　次：2012 年 9 月第 1 版
印　　　次：2012 年 9 月第 1 次印刷
定　　　价：35.00 元
咨 询 电 话：（010）68990692　68990622
购 书 热 线：（010）68990682　68990686
网　　　址：http：//www.develpress.com.cn
电 子 邮 件：fazhan@drc.gov.cn

# 总 序

## 在保持经济平稳运行中谋求转变发展方式的新进展

当前，中国经济正处于一个关键的历史时期。从国内来看，我们面临如何实现经济发展方式转变、成功跨越中等收入阶段、确保中国现代化进程持续向前推进的重大任务。从世界范围来看，全球经济进入大调整大变革阶段。金融危机持续发酵，发达经济体经济复苏一波三折；新一轮产业革命、技术革命迅猛推进，战略性新兴产业发展方兴未艾。这不仅对我国当前经济的平稳健康发展产生重大影响，也对我们创新比较优势、提高产业国际竞争力提出了严峻挑战。在这个紧要关口，确保我国经济社会平稳健康发展，加快实现经济发展方式的转变，显得尤为重要，也更加紧迫。

根据国内外复杂多变的严峻形势，中央提出把“稳中求进”作为2012年工作总基调，强调要在保持经济发展和社会大局稳定的前提下，取得转变经济发展方式新进展。从前三个季度经济运行的实际情况来看，中央这一决策是完全正确的。

我们不仅保持了宏观经济的基本稳定，在结构调整方面也取得了一些积极的进展，当然，这些成效还只是初步的。

展望今后一个时期，国际金融危机深层影响可能还会进一步显现，世界经济复苏的不确定不稳定性将更加显著，国际市场持续低迷，对我国出口的不利影响可能会长期存在。与此同时，国内刺激消费、扩大内需一时难以取得明显成效，经济发展中不平衡、不协调、不可持续的内在矛盾和问题也将更加凸显，经济增长依然会面临较大的下行压力。

在这种情况下，通过宏观政策的适时调整，保持经济平稳运行仍是今后一个时期我们面临的一项重大课题。当然，必须清醒地看到，要保持经济长期平稳健康发展，还必须在转变经济发展方式上取得新进展。特别值得注意的是，要着力处理好稳增长和调结构、转方式的关系。一方面，要在稳定经济增长的同时努力为调结构创造必要的、宽松的条件，尽可能多地采取那些既有利于扩大需求，又有利于优化结构、改善供给的政策，确保经济增速处在与增长阶段转换相适应的合理区间，防止过度的需求扩张对结构调整可能带来的不利影响，防范和化解经济下行中可能出现的各种风险。另一方面，要积极推动体制改革和制度创新，破除资源优化配置障碍，激发市场活力，为经济长期平稳健康发展奠定基础。

在保持经济平稳运行中实现转变经济发展方式新进展，有许多理论和政策问题需要作深入系统的研究。国务院发展研究中心作为国务院直属的政策研究和咨询机构，牢牢把握为中央决策服务的根本方向，立足国情，跟踪世情，发挥优势，积极推进建设“一流智库”，努力为中央决策提供高水平、高质量的政策建议和咨询服务。近年来，经过中心研究人员的不断努力，形成了一批水平较高、政策价值和社会影响力较大的研究报告。这些研究报告注重把握经济发展大局，关注前沿学术动态，既有涉及我国中长期经济发展的战略思考，也有涉及特定具体领域的专题研究，包括经济体制改革、产业结构调整、对外贸易、城镇化、社会管理、房地产调控、“三农”问题、财政金融风险等。

“国务院发展研究中心研究丛书”出版至今，已是第三个年头，受到了社会各界的广泛关注，尤其是体现全局性、战略性、长期性、前瞻性的研究成果，更是对有关部门、地方政府、相关企业、研究机构和社会各界产生了较大影响。例如，《“十二五”发展十二题》成为地方政府制订发展规划的重要依据。《中国城镇化：前景、战略与政策》《中国产业振兴与转型升级》《农民工市民化：制度创新与顶层政策设计》等著作，也成为有关部门和地方政府决策的重要参考，产生了良好的社会效益。这些研究成果的出版，对国务院发展研究中心打造一流智库，集束传播优秀学术成果，产生了积极的推动作用。

今年的“国务院发展研究中心研究丛书”共12本，包括《大变局——中国和平发展的国际经贸环境与总体战略》《民生为本——中国基本公共服务改善路径》等，这些著作主要是2011年国务院发展研究中心完成的重大课题研究报告，也有部分优秀招标课题研究报告，体现了国务院发展研究中心为党中央、国务院决策服务，开展政策咨询研究的最新成果。

我们真诚地希望各级领导同志和广大读者对这套“国务院发展研究中心研究丛书”提出宝贵意见和建议，使之真正成为社会各界了解中国改革开放、经济发展的“权威窗口”！也希望社会各界积极支持我们的政策咨询研究工作，共同为推动我国经济发展方式的实质性转变，保持我国经济长期平稳健康发展献计献策，作出新的贡献！

国务院发展研究中心主任 李伟

2012年9月

# 目 录

# 前　言

“人类如何能够诗意地栖居于大地之上。”

——德国诗人荷尔格林《人，诗意地栖居》

“城市，因人类寻求美好生活而诞生。”

——亚里士多德

“我们的城市必须成为人类能够过上有尊严、健康、安全、幸福和充满希望的美满生活的地方。”

——联合国人居组织1996年《伊斯坦布尔宣言》

最近30年，是我国城市化的高速发展期。2011年末，我国城镇人口占总人口比重达到了51.27%，首次超过50%，这标志着我国从此进入以城市社会为主的新成长阶段。不过，与高速城市化如影随形的，不仅是美好生活，也有“城市病”[①]。城市病是最近几年坊间多

① “城市病”是俗称，所以通常用引号标注。但本书对城市病的内涵和中国城市病的外延有明确定义，为简便计，下文中的城市病都不加引号。

怨①、高层关注、媒体瞩目的话题。尽管这个词不新鲜，但这个话题历久弥新——城市病愈演愈烈②，不关注都不行。而且，城市病由单纯的城市管理问题，慢慢发展为社会问题，在有些场合甚至可能成为政治问题。不解决城市病，不仅经济发展的成果不能为全体人民同步共享，而且还会影响到经济发展本身和社会稳定。为此，国务院发展研究中心社会发展部组织了一批研究人员（以下简称课题组）自2011年下半年开始，以“中国城市病的制度性根源与对策研究”为题对城市病进行专题研究。

应该说，对这个研究主题，社会发展部已经有了多年的积累：如与建设部城市建设司共同进行的“城市管理权责关系研究”，与国家发改委社会发展司共同进行的“主体功能区的人口管理政策研究”，与国家人口计生委流动人口司共同进行的“大城市人口规模调控研究”，与上海市发展研究中心共同进行的“上海人口总量和结构优化研究”，以及国务院发展研究中心内部课题“我国住房保障的体系设计”、“我国经济适用住房政策的效果评估和发展前景研究”等。在2009～2011年进行的这些研究中，我们这个课题组曾对8个城市进行了调研。尽管当时的调研主题主要围绕城市综合管理，但其中相当一部分材料反映的是这些城市的城市病，这使我们的这个研究言之有据。不过，由于这个研究选题的创新性——这是国内第一次从体制机制层面系统研究城市病的底层成因。我们必须对城市病的症状、类型、发

① 例如，2011年的北京地方“两会”的人大代表议案最集中的就是交通和人口问题，分别有30件和12件，共占全部议案总数的18%。

② 上海社会科学院城市与区域研究中心发布的《国际城市发展报告2012》（国际城市蓝皮书）（社科文献出版社2012年版）认为，预计到2020年，中国城市化率将达55%，其间1.5亿中国人将完成从农民到市民的空间、身份转换。未来这段时期，将是城市病的集中暴发期，“新兴+转轨+转型+快速城市化”使得我国城市病更具复杂性、综合性，中国城市的“急症、慢症、并发症”存在共发的可能。

展过程有理性、感性兼备的认识，且需要具体材料支持。因此，课题组又在深圳、上海进行了补充调研，并与若干专家进行了讨论，最终形成的研究成果概念界定、文献综述、理论分析、案例分析和政策建议俱全。可以把主要的研究成果凝练为以下三方面。

第一，基础概念定义和城市病共性规律总结。从空间分布角度看，城市的主要特征是集聚，城市的各种利弊也源于集聚，城市病就是其中一弊。**所谓城市病（Urban Disease），是对人口及相关发展要素向大城市过度集聚而引起的一系列社会管理和公共服务问题的统称**。因为城市病的表现形式与城市化的阶段和形式有关，在不同的国家有较大的差异，本研究中的城市病必须具有针对性。我们只将与“过度”[①]集聚直接相关的、发生在大城市中的社会管理和公共服务方面的共性问题[②]，才作为城市病看待。根据这一判断标准，并综合考虑我国部分特大城市城市病的表现形式和社会反映的热点，**可以认为人口拥挤、交通拥堵、环境污染、住房困难等是现阶段我国较为突出的“城市病”**。这四类城市病之间存在明显的关联，例如人口拥挤是其他城市病发生的重要诱因，交通拥堵是城市环境污染的重要诱因等，且这些诱因的共性都是“过度”的集聚。其中有些“病症”，还因为我国大城市人口增长的特点——以农民工为主的流动人口是主要人群——而

① “过度”指的是城市的人流、物流的集聚程度与城市的社会管理、公共服务能力不相称。

② 严格说来，各种媒体中常见的关于城市病问题的描述其实属于不同层次，有的是现象，有的则已进入成因层面，所以辨析哪些属于问题、哪些属于成因很困难。在本研究中，我们认为可以按这样的标准来界定：**问题应是表面上的、现象层面的，是公众能直观看和感受到的“最终”事实，而非导致这些“最终”事实出现的各种因素**。据此思路，本研究中的城市病问题仅指一种状态的描述（如人口拥挤、环境污染）或某方面公共服务或社会管理的不足（如交通拥堵、住房困难），导致这些问题出现的，则称为成因（又根据对问题作用因素的直接性，分为直接成因和制度成因）。需要说明的是，四种城市病之间有相关性，但这种相关性并非可以作为充分条件的直接成因。例如，人口拥挤与交通拥堵、环境污染和住房困难都有正相关性，但并非因果关系，只是提高了后面三种城市病出现的概率和解决的难度。

显著加重。至于像上学难、看病难、就业困难等问题，并非只出现于城市，其主因也并非城市化带来的“过度”集聚，而像安全风险增加、社会秩序恶化以及城市缺少文化特征等并非我国的城市病中引人注目的热点，不是我国城市化中影响国计民生的突出问题，也与“过度”集聚关系不大，所以我们不将其作为研究对象。通过文献总结、数据搜集、理论分析和典型城市调研，我们认为**中国目前的城市病呈现三个规律：①规模越大的城市，城市病通常越“全面”**[①]**；②城市病的恶化与城市的人口规模和经济规模增加基本同步**(交通拥堵和住房困难尤其典型)，越有活力的城市，往往城市病恶化程度越严重；**③城市病严重的城市，在人口方面通常有这样的两个特征：首先是人口快速增长、大进小出**，即这些城市的流动人口增加速度非常快（尤其最近10年)[②]，且来得多、走得少；**其次是人口密度高且变动大**，尤其城市中心区人口密度大、昼夜人口密度差距大，职住分离现象严重，居民通勤时间较长。这样的规律，在从北到南的一线、二线城市普遍存在，这种情况显然有制度性成因。

第二，城市病的“病理”，即城市病的直接成因和作为本研究核心内容的制度成因分析[③]。四类城市病的形成和恶化，都有其直接成因。**首要的且可以作为充分条件的直接成因是大城市的人流、物流过**

---

① 例如，我国的上海、北京、广州、深圳这四个所谓“一线城市”（GDP排名前四的城市，也是公认最发达且发达程度相仿的城市)，是城市病表现得最全面且总体社会反映最激烈的城市。

② 例如，第六次全国人口普查（以下简称六普）数据显示，北京、上海和天津的人口增长，绝大部分是因为外来人口的大量迁人。在上海，迁入人口占该市人口增加的97%，也就是说，自然增长只占人口增加量的3%。而且，即使这个自然增长的3%，也有迁入人口的贡献（迁人的人口往往相对年轻，生育率高，死亡率低)。

③ 需要说明的是，我们在本研究中的直接成因和制度成因分析，总结方式和用词都与既有研究（具体可参见本书的附件四，既有研究的成因分析在附件四的第二节中）大相径庭。之所以这样，不仅因为本研究的创新之处在于从体制机制层次分析城市病成因，也因为我们认为既有研究没有区分问题、直接成因、制度成因这样的层次，大多将它们混为一谈，这样既辨析不清问题，也很难系统整理制度层面的不足。

**度集聚于中心城区**。这种集聚的“过度”包括两方面。首先，从客观情况来看，大城市的功能在行政力量的支持下过于集中①，且经济功能受到了过分的关注。这种情况下，大城市更易集中优质资源（就业和公共服务优质资源过于集中），城市发展条件更好，使得其居民（包括城市中的流动人口）的个人发展条件也更好。因此，客观和主观的选择都使大城市相对中小城市发展速度更快、集聚人口的速度更快，这种可能超过城市社会管理和公共服务能力的人口集中也带动了物流（包括车流）和污染物的集中，交通拥堵和环境污染在所难免，还显著加大了住房改善的难度；而且，我国有许多大城市的规划和建设还出现了偏颇：单中心布局、“摊大饼”式发展，优质资源过分集中于中心城区。这样，本来就庞大的人流还集中于中心城区或在外围居住区，和中心城区之间进行潮汐式通勤，在这种情况下，无论采用何种方式、何种水平的城市管理都难以避免人口拥挤、交通拥堵和环境污染。其次，城市政府在发展中有要人手不要人口的倾向，且在城市发展规划里将建成区中居住用地比重压低。由于我国是以农民工为主体的流动人口是大城市人口增长的主力，且有大量城市低收入户籍人口仍未满足体面住房的需求，这种情况显著加大了住房困难的程度。

深入分析后可以发现，这些直接成因中有的与管理水平不高有关，但更多的是由更深层的制度成因导致。在当前我国的经济发展中，政府依然对资源配置发挥着重要的主导作用，因此对于城市的发展，城

① 严格说来，中国的城市并非真正的城市，而是有不同行政级别的行政区，较高级别的城市在行政力量的支持下，通常集中了该行政区域内最全的功能和最好的资源（包括就业和教育、卫生等公共服务资源）。

市政府同样发挥着主导作用[①]。而那些制度成因则通过影响城市政府的行为方式，诱致了上述直接成因。以大城市的人流物流过度集中于中心城区这一直接成因为例，其背后的制度成因就包括：偏重于经济指标的政绩考核体系，使得城市政府不顾各项功能已经高度集中的现实，依然热衷于吸引大型产业项目的落户，拒绝产业功能的向外转移；以企业相关税收为主要收入来源的税制结构，也使城市政府为了扩大税源而千方百计招商引资。这些，都使得大城市政府仍然致力于扩大产业规模，使大城市在人口拥挤的情况下仍然吸引大量就业人群。而地方政府事权与财力不相匹配，使得城市政府千方百计地寻求税收以外的收入来源，“城市经营”大行其道，且在城市的危旧房改造工作中，片面强调项目资金的自我平衡甚至追求盈利，导致高强度的地产开发进一步向老城区聚集。这些，都使得城市中心区人口很难有效疏散[②]。

城市病的“病理”，可以用图 1 来总结[③]。

第三，城市病的处方，即根据对影响城市政府的行为方式、进而引发“城市病”的直接成因的作用机理分析，从可操作的领导干部政绩考核体系、财税体制、土地管理制度、规划体制以及调整上下级政府之间的关系等方面提出的对策，用于对城市病治本。之所以要从制度成因而非直接成因着手开处方，是因为目前我国各类城市所采取的新城建设、限制老城区人口流入、增加公共交通设施、车辆限行限购、建设郊区的新住宅区和保障房等措施，其“疗效”并不显著。这是因

① 尤其是中国的城市实际上是不同行政级别的行政区，并非发达国家的 city 和 downtown，城市政府可能是幅员广阔、人口众多的一大片行政区的强势管理者，有能力将这片行政区中的优质资源集中于中心城区（更具体的说明可参看本书第一章）。

② 有效疏散指这些人口主要的日常活动均远离原居住的城市中心区。

③ 具体解释参见第三章。

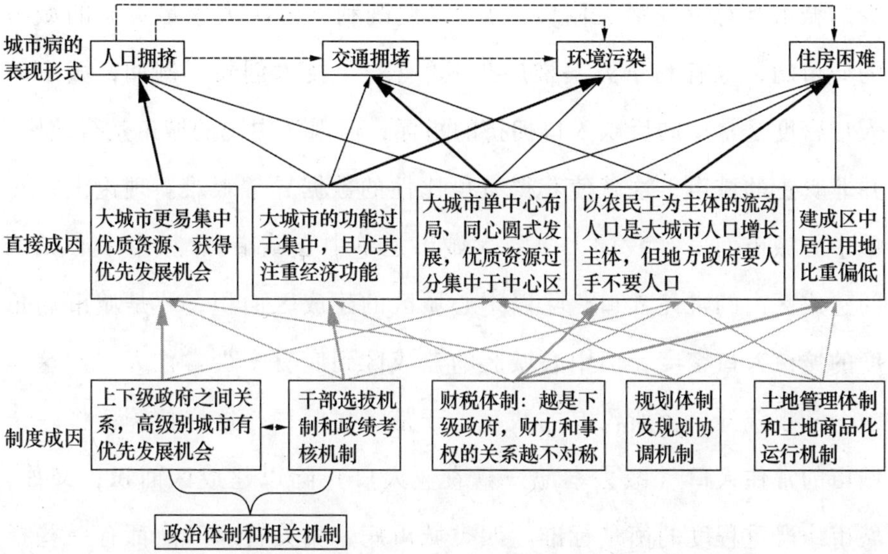


**图1　中国的城市病与其直接成因、制度成因的对应关系**

为没有体制机制的统筹改革，即便地方政府强力推动多中心、组团式发展，也难以形成对老城区有效的强力分流，也难以缓解过度集聚。

但在研究中我们也发现，从理论到政策层面存在三个研究难点，针对这些难点，我们在具体研究中进行了力所能及的创新：①界定了中国城市病的外延。城市病是公众话题，但也因此缺少界定，成为一个无边无际的概念筐。如果将媒体中贴上城市病标签的问题都研究，既不合理也不可行，因为多数问题并非是城市集聚带来且只发生在城市。为此，我们明确了边界：只研究人口拥挤、交通拥堵、环境污染、住房困难四类城市病。②考虑了不同城市在体制机制上存在的差别，我们在制度成因分析和对策中对北京、上海、深圳这样的城市进行了分类研究，这是因为其规划机制、上下级政府之间的关系等不同，因此其制度调整方案也有个性。我们不仅专门分析了这些代表性城市的城市病在“症状”上的差别（参见附件一），还针对北京的体制情况有对策（参见附件二），也对深圳这样市场化程度较高、体制束缚较少的城市有对策（参见附件三），以便既利于解决大家最关心的城市的城市病，也有利于方案推广[①]。③有若干技术创新。例如，城市的人口密度是常用的反映人口拥挤的指标，但因为中国的城市是行政区，并非真正的城市，这就使获得有可比性的数据异常艰难。理论上，对单中心城市而言（我国大多数大城市是单中心城市），城市中心城区的建成区内的常住人口，除以中心城区的建成区面积，才是城市病角度的城市人口密度，但中心城区的建成区到底有多少常住人口？这是一个常规统计口径所没有的数字。于是，我们只好这样估算：将一个城市的常住人口（减去本地户籍农业人口）除以建成区面积；又如，城市病严重程度的衡量标准。四类城市病，相关管理部门都有一些指标来反映其严重程度。例如，公安交管部门用干道机动车平均时速和拥堵路段数等来描述。但因为一个城市有四类城市病，相互之间难以加总，所以我们无法进行中国的城市病严重程度的城市排名，而只能根据四类城市病的一般指标概括出了城市病的第一条规律，并据此采取以下方法，明确研究范围以突出重点：主要考虑一线城市的城市病，尤其是三个某些方面存在体制机制差异的城市（北京、深圳、上海），然后兼顾分析二线城市（主要体现在举例说明上）。

尽管目前的研究成果基本实现了课题设计时的初衷，但从可行性而言，目前的研究成果存在两方面问题：①这些研究结论和创新性研究成果，尚没有与地方政府领导及相关职能部门系统交流过，因此其可行性还存疑，还需要在下一阶段的研究中通过交流反馈继续完善，才可能真正起到决策咨询的作用；②最近两年，在中央领导部署下，从城市人口调控到城市病治理，有多支队伍在开展相关研究，但这些

---

① 这些城市是我国城市发展的先行者，其他城市在规模扩大后应该都会遇到类似问题，所以从解决全国的城市病来看，案例研究具有前瞻性。

研究队伍之间的信息交流很少，也没有全国统筹的调查为城市病提供精确诊断的依据，因此我们目前的成果需要尽快公开，以利和其他研究队伍形成互动，完善这些成果。

最后，还需要对这本书进行三方面说明：①由于时间所限，本书只是这个领域研究的中间成果，社会发展部2012年承担的国务院发展研究中心重点课题仍然是这个方向的继续，我们还将就中国城市化高速发展期出现的各种问题尤其是社会问题深入研究；②课题组成员，包括国务院发展研究中心社会发展部林家彬、周宏春、苏杨、佘宇、张佳慧、张冰子，国家发改委城市和小城镇改革发展中心的王大伟，云南省委党校李彦龙、承担社会发展部课题的北京联合大学刘洁、清华大学王宇成、上海理工大学齐浩良、中国人民大学张磊和党华举也参与了本书写作。本书全文由林家彬、苏杨、王大伟统稿。国务院发展研究中心副主任刘世锦、韩俊，社会发展研究部部长葛延风、副部长贡森，北京大学社会学系教授陆杰华等，对该研究给予了诸多指导，在此诚致谢意。③本书引用了多方面的文献资料（报告末的附件四是专门的城市病研究的文献综述），一般在文中用脚注的方式直接标明了直接引用文字和数据的文献，间接引用的文献放在了本书参考文献中。

林家彬　王大伟

2012年7月

第一章

# 城市发展愿景和我国城市化的特征、趋势

研究城市病，必须首先明晰城市的“健康”，即什么才是城市发展的愿景[①]。城市愿景可以理解为对城市未来发展面貌的系统表达，应是市民个人愿景、城市使命和城市价值观的综合，是市民、政府对城市的功能定位和城市发展方向、发展路径及发展目标的系统概括。可以说，高标准地、广义地看，城市发展现状与城市愿景之间的差别所在，就是城市病的病灶所在。

## 一、城市的功能定位

城市功能（City Function），是指城市在一个国家或一个地区所承担的政治、经济、文化等方面的任务和所发挥的作用。

① “愿景”（vision）一词中的“愿”指心愿、“景”指景象，综合起来是指一个可以预见的未来美景，是关于某方面事物的较为系统的发展面貌设想。

无论从物的角度还是从人的角度看，城市都意味着集聚和发达、宜居和文明。

### （一）从物的角度看

城市的显著特征是集聚，是人流、物流、资金流、信息流的集聚，由此带来了经济上的发达和基础设施的完备。相关描述可列举以下三点。

（1）《现代汉语词典》对“城市”的解释：“人口集中、工商业发达、居民以非农业人口为主的地区，通常是周围地区的政治、经济、文化中心。”①

（2）马克思说：“城市本身表明人口、生产工具、资本、享受和需求的集中。”②

（3）李铁映说：“城市是以人为主体，以空间利用为特点，以聚集经济效益和人类社会进步为目的的一个集约人口、集约经济、集约科学文化的空间地域系统”。③

### （二）从人的角度来看

城市意味着宜居和文明，宜居指的是城市的各项功能齐全、生活便捷；文明指的是城市最本质的特征是它集聚了人类的两大文明——物质文明和精神文明。④ 城市如马克思的判断：“城市本身表明了人口、生产、工具、资本、享乐和需要的集中”。

---

① 《现代汉语词典》，商务印书馆1996年版。

② 《马克思恩格斯选集》第1卷，人民出版社1972年。

③ 李铁映，《关于加速中国城市化的几个问题》[J]，《中国城市经济》，1999年第1期。

④ 武廷海、方可，《万变不离其宗——“有机疏散”论和“功能混合”论之共性分析》[J]，《新建筑》，1998年第1期。

如果从这两个角度来描述城市功能的话，城市的种种功能都可以归结为经济功能和生活功能两大方面。[①] 但城市发展的终极目标，还是让人类生活更美好，即生活功能至上。[②] 正因为城市具有经济功能和生活功能且生活功能至上，人类要想诗意地栖居于大地之上，最好的办法可能就是居住在城市里。

从学术角度概括，城市的功能定位，是在一定的空间范围内和特定的宏观背景下，以城市基本条件为基础（包括自然、经济、社会、人文、历史等各个方面），以某种价值观为标准，明确该城市在一定区域中的功能及地位，树立鲜明的形象。实现城市经济、社会的全面发展，达到汇集人流、财流、物流、信息流等，引领地区经济社会发展和人类文明进步的目的。也就是说，城市功能定位是根据城市发展的自然条件、历史渊源、现状基础与区域条件等，来谋划城市未来发展要实现的主要功能与要努力的战略方向。

立足于城市的基本条件，国内外不同城市逐渐确立了各自不同

---

① 从学术角度来看，不同学科，如城市社会学、城市文化学、城市经济地理学、城市经济学、城市管理学等都对城市功能给予了更细化的解释。第一，城市社会学认为，城市在一定时期内，在国家或地区的政治、经济、文化生活中所发挥的效能，城市主要具有政治集聚功能、经济集聚功能和文化集聚功能等，也就是我们所说的政治中心、经济中心和文化中心等。第二，城市文化学对城市的文化功能给予详细论述，认为城市的文化功能是指一座城市的科学、教育、文化、卫生、体育机构及其思想产品、文化遗产在全世界或全国的地位和作用。第三，城市经济学则立足于经济集聚功能，认为城市是一个坐落在有限空间地区内各种经济市场、劳动力、土地、运输等相互交织在一起的网状系统，城市就是市场的集合，城市存在的最大功能是服务于交易的实现。总之，城市是政治、经济、文化等的集聚体。

② 但这一点在很长一段历史时期内并不为我国的领导人所认同。例如，1949 年的《人民日报》刊登社论《把消费城市变成生产城市》，提出“在旧中国这个半封建、半殖民地的国家，统治阶级所聚集的大城市（像北平），大都是消费城市。有些城市，早也有着现代化的工业（像天津），但仍具有消费城市的性质。它们的存在和繁荣除尽量剥削工人外，则完全依靠剥削乡村。我们进入大城市后，绝不能允许这种现象继续存在。而要消灭这种现象，就必须有计划地、有步骤地、迅速恢复和发展生产。”

的功能定位。在国内，北京定位为：国家首都、世界城市、文化名城、宜居城市，现代化国际大都市；上海定位为：现代化国际大都市和国际经济、金融、贸易、航运中心之一；广州定位为：经济中心、文化名城、山水之都，带动全省、辐射东南、影响东南亚的现代化大都市；深圳定位为：高科技城市、现代化物流枢纽城市、区域性金融中心城市、美丽的海滨旅游城市、高品位的文化生态城市、区域性国际化城市。在国外，伦敦定位为：创意之城，“创意”已经成为伦敦新的城市符号，如今的伦敦已经是全球的创意产业中心，是创意人才汇集、创意产业勃兴、以知识和创意带动城市发展的世界城市；纽约定位为：金融之城，作为世界上最重要的金融和商业中心，纽约拥有牵动世界神经的两大证券交易所——纽约证券交易所集团和纳斯达克股票市场有限责任公司，而财力雄厚的摩根财团和洛克菲勒财团则渗透到美国和世界的众多行业之中。

## 二、城市良性发展的愿景

理论上，就个体而言，城市发展的过程就是城市规模扩大且城市功能充分体现的过程。但城市发展不仅只有美好的一面，城市也给人类社会带来了很多麻烦。二战之后，全球范围的快速城市化使得城市的利弊互现。因此，人们开始对城市本质进行反思，审视“城市发展为了谁”，并对城市的良性发展进行展望。这种反思中的一个重要领域是城市化质量。城市化一般以人口相关指标为主要衡量物，“化”主要指的是人口数量、生活形态方面的转化（城乡转化）。因此，仅仅从城市化水平是不能反映城市化质量的，还应该全面考量城市满足人类生存和发展的程度①，甚至还应该包括文化特征。由此，产生了多种城市良性发展的愿景。具有代表性的愿景有世界卫生组织（WHO）提出的健康城市、我国建设部提出的宜居城市、联合国教科文组织提出的生态城市等（参见本书的附件五）。

但这些愿景都并非全景式愿景，都有侧重角度。我国的综合性国家规划中，提出的城市化愿景更系统且更具体，可以整理出来作为发展目标。若以前述城市的关键词来分析，城市化的愿景就是使城市在发展过程中平稳实现集聚与发达、宜居与文明。这种抽象的理念在中国的发展背景下，其具体体现形式是什么呢？可以根据《全国主体功能区规划》及《国民经济和社会发展第十一个五年规划纲要》、《国民经济和社会发展第十二个五年规划纲要》中的相关内容，整理出未来10年中国城市化发展的愿景，其中包括发展的目标、方向、路径和空间特点。

### （一）未来10年中国城市化的目标

到2020年全国主体功能区布局基本形成之时，中国的城市化具体目标有以下五个方面：

（1）空间开发格局清晰。“两横三纵”为主体的城市化战略格局基本形成，全国主要城市化地区集中全国大部分人口和经济总量（构建以陆桥通道、沿长江通道为两条横轴，以沿海、京哈京广、包昆通道为三条纵轴），以国家优化开发和重点开发的城市化地区为主要支

① “全面考量城市满足人类生存和发展的程度”比宜居覆盖的范围更广，如1961年WHO总结了满足人类基本生活要求的条件，提出了居住环境的要素，包括安全性（SAFETY）、健康（HEALTH）、便利（CONVENIENCE）、舒适（AMENITY），联合国人居组织1996年《伊斯坦布尔宣言》中更全面地提出了这样的理念“我们的城市必须成为人类能够过上有尊严、健康、安全、幸福和充满希望的美满生活的地方”。

撑，以轴线上其他城市化地区为重要组成的城市化战略格局。推进环渤海、长江三角洲、珠江三角洲地区的优化开发，形成三个特大城市群；推进哈长、江淮、海峡西岸、中原、长江中游、北部湾、成渝、关中—天水等地区的重点开发，形成若干新的大城市群和区域性的城市群。

（2）空间利用效率提高、资源利用更趋集约高效。单位面积城市空间创造的生产总值大幅度提高，城市建成区人口密度明显提高；大部分人口的就业和居住以及经济集聚于大城市群地区和城市化地区，基础设施共享水平显著提高；节能型的轨道交通成为大城市群的主要客运方式，并间接降低私人轿车的使用频率；大城市群内将形成相对完整的产业体系。

（3）区域发展协调性增强、城乡区域发展更趋协调。人口更多地生活在更适宜人居的地方，农产品主产区和重点生态功能区的人口向城市化地区逐步转移，城市化地区在集聚经济的同时集聚相应规模的人口，区域间人均生产总值及人均收入的差距逐步缩小。适应主体功能区要求的财政体制逐步完善，公共财政支出规模与公共服务覆盖的人口规模更加匹配，城乡区域间公共服务和生活条件的差距缩小。

（4）经济布局更趋集中均衡。工业化城镇化将在适宜开发的一部分国土空间集中展开，产业集聚布局、人口集中居住、城镇密集分布。

（5）环境污染防治更趋有效。一定的空间单元集聚的人口规模和经济规模控制在环境容量允许的范围之内，先污染、后治理的模式得以扭转。

### （二）为实现既定目标，中国城市化应遵循的发展路径

相关文件明文指出，要按照人口、经济、资源环境相协调以及统

筹城乡发展、统筹区域发展的要求进行开发，采取以下六方面具体措施。

（1）按照统筹规划、合理布局、完善功能、以大带小的原则，遵循城市发展客观规律，以大城市为依托，以中小城市为重点，逐步形成辐射作用大的城市群，促进大中小城市和小城镇协调发展。

（2）稳步推进农业转移人口转为城镇居民。特大城市要合理控制人口规模，大中城市要加强和改进人口管理，继续发挥吸纳外来人口的重要作用。

（3）增强城镇综合承载能力。合理确定城市开发边界，规范新城新区建设，提高建成区人口密度，调整优化建设用地结构，防止特大城市面积过度扩张。预防和治理城市病。

（4）优化产业布局、调整产业结构。科学规划城市群内各城市功能定位和产业布局，缓解特大城市中心城区压力，强化中小城市产业功能。

（5）以创新型的工业化发展道路推动城市化进程。

（6）利用城市集群优势，因地制宜地发展以大中城市为中心的多层次的城市化建设格局。在目前的小城市经济发展严重落后的前提下，必须发挥大中城市的辐射带动作用，形成“都市圈”发展模式。①

① 但“都市圈”发展模式需要良好的基础条件，其中最主要的是基础设施，如便利的通讯设施、发达的公路和铁路设施等。基础设施的完善，尤其是信息化进程的加快，可以改变人们的生产和生活方式，从而影响城市的空间结构。通过发达的基础设施，可以使货物、资金、人才快速地在大、中、小城市流动，使产业分工成为可能。

# 三、我国城市化的现状特点和近中期发展趋势

在了解愿景的同时，必须看到现状，尤其在这种现状可能有强大的发展惯性的情况下。对我国来说，城市化是近中期促进我国经济持续高速发展的主要依托。改革开放以来，我国城市化快速推进，取得了巨大的成就。目前，我国仍处于城市化快速发展阶段，且发展不均衡①，发展中各方面的压力增加、要求提高，城市化过程中的矛盾日益凸显。为此，需要辨析我国城市化的特点，研判近中期发展趋势，从而为解决城市化过程中的问题奠定基础。

## （一）我国城市化的特点

### 1. 城市化大致经历三个阶段，近 30 年来发展迅速

仅从城市化的速度而言，我国城市化发展可粗略地分为以下三个阶段。

第一阶段，1949～1958 年前后为城市化较快发展时期。1949 年，新中国成立初期，我国城市化率约为 10.6%。随着国民经济恢复，在比较利益驱动下，农村人口大量涌入城市，城市化率有了较快提升，1960 年前后，城市化率达到 19% 的较高水平。②

---

① 我国有若干发达地区已经形成了城市连绵带，区域性发展特征明显，如珠江三角洲、长江三角洲、京津唐等地区；而中西部省份的城市化还处于发展初期，“点”状结构明显，大城市的带动作用较小。

② 不过，即便在这个阶段，城市化只是工业化的助手，这是当时的指导思想决定的：1953 年 6 月在北京召开的第一次城市建设会议为保证五年计划提供了制度性的保障——城市建设的速度必须由工业建设的速度来决定。城市建设必须集中力量，确保国家工业建设的中心项目所在重点工业城市的建设。这个指导思想是我国后来很长一段时期城市化严重滞后于工业化的重要诱因。

第二阶段，自20世纪60年代到80年代初期为城市化停滞期。由于实行严格的计划经济管理，加上严格的户籍管理和大量“知青”上山下乡等因素，城市化水平长期维持在17%～18%的较低水平，工业化和城市化严重脱节。

第三阶段，改革开放后为城市化高速发展期。城市化率由1980年的19.4%提高2010年的49.7%（第六次人口普查数据），30年间城市化率提高30多个百分点（图1.1）。我国城市常住人口由1980年的1.91亿增加到2010年的6.66亿，30年间城市人口增长3.5倍。在这个阶段，城市化已经成为经济增长的重要引擎①。

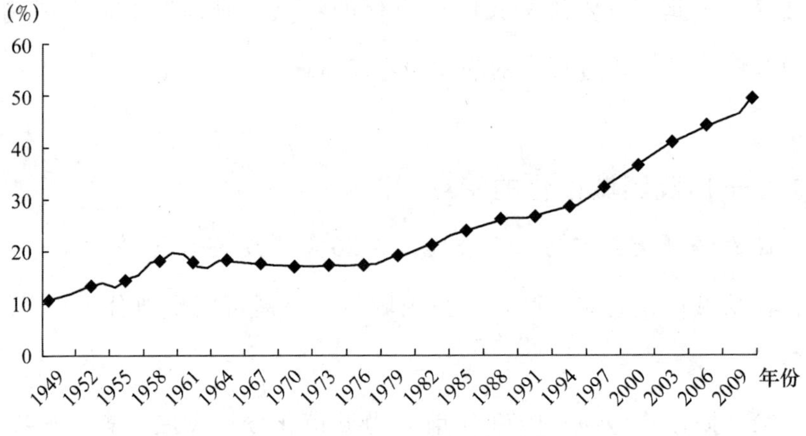


**图1.1　1949～2010年，城市化率变化**

2. 人口向大城市集聚的趋势明显，大城市人口比重不断增加

城市、城市化的本质特征决定了大城市在集聚人口、集聚产业和服务业发展，为农村剩余劳动力提供更多非农就业岗位方面具有更多优势。

从我国大城市数量增加情况以及大城市人口数量占全部城市人口

① 城市化是经济增长和就业增长的动力引擎，是世界上所有国家和地区走向现代化的必由之路。据测算，2003～2008年，中国每增加一个城市人口，约产生50万元的城镇固定资产投资。

比重可以看出，人口具有向大城市优先集聚的倾向。2007 年，我国城市数量为 655 个，比 1978 年增加了 462 个。2007 年，全国有特大城市 63 个，超大城市 31 个，巨型城市 8 个[①]。从城市规模结构的变化趋势来看，大城市数量明显增加，特别是 50 万～100 万和 200 万以上人口规模的城市数量增幅最为显著。其中，500 万以上的城市由 1997 年的 2 个上升到 2007 年的 8 个，50 万以上的城市数从 1997 年的 80 个增加到 2007 年的 154 个。与此相应，人口也呈现出优先向大城市集聚的明显趋势，大城市的常住人口增长显著快于中小城市。[②] 例如，1987～2007 年，大城市人口占全国城镇人口的比重由 26.87% 增加到 43.89%；中等城市基本保持在 12%；小城市和小城镇则分别由 8.7% 和 53.15% 下降到 5.77% 和 37.64%（表 1.1）。即便如此，我国在这方面仍然存在显著差距，世界相当多发达国家的经验和我国目前的城

① 根据《中国城市统计年鉴》的分类标准，对城市规模有如下分类：按市区非农业人口，20 万人以下为小城市，20 万～50 万人为中等城市，50 万～100 万人为大城市，100 万人以上为特大城市，200 万人以上为超大城市，500 万人以上为巨型城市，1000 万人以上为超巨型城市。但本书中的大城市，专指这个分类中超大城市以上的城市——这类城市才是目前“城市病”的患病主体。不过，需要注意的是，《中国城市统计年鉴》中的城市人口，是指城市这个行政区内的全部人口而非城市建成区内居住的非农业人口。因此，我国实际上达到这些人口规模的城市数要少于文中所列数字。

② 这种大城市发展速度更快的局面还是在政策乃至法律曾经严控的情况下形成的：1978 年 3 月，国务院召开了第三次城市工作会议，批准了《关于加强城市建设工作的意见》，要求各地“切实做好城市的整顿工作”，即“控制大城市规模，多搞小城镇”。但事实说明，在市场经济条件下，大城市的发展条件更好，更符合市场需要。1990 年颁布的《城市规划法》更明文规定：“国家实行严格控制大城市规模，合理发展中等城市和小城市的方针，促进生产力和人口的合理布局”。

市规模结构都说明，我国的大城市还需要继续率先发展[①]，这样才可能更有效率地满足经济发展和“让生活更美好”的双重愿望。

**表 1.1　中国城市人口规模及不同等级城市人口占城镇人口比重**

| | 城市规模（万） | 2007 年 | | 1997 年 | | 1987 年 | |
|---|---|---|---|---|---|---|---|
| | | 城市常住非农业人口（万） | 城市个数 | 城市常住非农业人口（万） | 城市个数 | 城市常住非农业人口（万） | 城市个数 |
| 大城市 | ≥500 | 8467.77 | 8 | 1522.06 | 2 | 1257.99 | 2 |
| | 200～500 | 6600.57 | 23 | 3006.84 | 10 | 1806.21 | 6 |
| | 100～200 | 4588.57 | 32 | 2957.88 | 22 | 2217.93 | 17 |
| | 50～100 | 6406.58 | 91 | 3175.30 | 46 | 2155.24 | 30 |
| 中等城市 | 20～50 | 7538.48 | 245 | 6188.14 | 203 | 3120.15 | 103 |
| | 10～20 | 3053.61 | 202 | 3405.68 | 239 | 1710.65 | 118 |
| | 5～10 | 348.61 | 47 | 922.89 | 116 | 649.15 | 86 |
| | 3～5 | 23.37 | 6 | 73.44 | 18 | 44.39 | 11 |
| 小城市 | 1～3 | 2.04 | 1 | 15.20 | 8 | 1.66 | 6 |
| | 0.5～1 | | | 0.54 | 1 | 1.69 | 3 |
| | 0.2～0.5 | | | | | | |
| | <0.2 | | | | | | |
| 合　计 | | 37029.60 | 655 | 21267.97 | 665 | 12965.06 | 382 |

① 理论分析和国际经验都能得出这个结论：规模较大的城市，会产生明显的集聚效应（agglomeration effect）。理论分析认为（王小鲁，夏小林，1999；王小鲁，2010），处在一个广泛规模区间的绝大部分城市，其集聚效应能够抵消人口和产业集中带来的交通、居住、环境等外部成本，具有正的净规模收益。其中规模在 100 万～400 万人的大城市，净规模收益最高。超过这个规模区间，净规模收益逐渐递减；国际经验证明，城市化是发展中国家经济走向现代化的一个最重要方面。目前，城市化发展不足对我国经济增长的制约已经越来越突出了。中国的大城市不是太多，而是太少。它们在我国还有极大的发展空间，其进一步发展应当成为经济增长的一个重要推动因素。2010 年，我国 100 万及以上规模城市人口的比重只有 17.8%，不仅低于美国（44.7%）、英国（25.6%）、日本（49.5%）和法国（22.5%），也低于巴西、墨西哥等新兴市场国家的水平。考虑到我国的城市人口数据还是行政区数据而非建成区数据，我国在大城市人口规模结构上的差距实际上更大。

续表

| | | 2007 年城市常住非农业人口（万） | 1997 年城市常住非农业人口（万） | 1987 年城市常住非农业人口（万） |
|---|---|---|---|---|
| 全国城镇人口 | | 59379 | 39449 | 27674 |
| 大城市 | 人口占全国城镇人口比重（%） | 43.89 | 27.03 | 26.87 |
| 中等城市 | | 12.70 | 15.69 | 11.27 |
| 小城市 | | 5.77 | 11.20 | 8.70 |
| 小城镇 | | 37.64 | 46.09 | 53.15 |

注：城市规模按市辖区非农业人口分组，不包括市辖县。小城镇人口占全国城镇人口比重为计算结果。

资料来源：2007 年数据来自《中国建设统计年鉴》（2008）（包括了常住人口，因此其统计口径与 1997 年和 1987 年数据略有不同），1997 年数据来自《中国城市统计年鉴》（1998）、1987 年数据来自《中国城市统计年鉴》（1988）。以人口超过千万的北京、上海、广州、深圳和天津五市占全国人口的比重看，2010 年，五市总人口达到 7862.8 万，相比 2000 年增加 2136.1 万，占全国人口的比重由 4.42% 提高到 5.74%。

### 3. 以农民工为主体的流动人口成为城市化率快速提高的主要贡献者，这也使得城市化质量有待提升

改革开放后，伴随着农村改革释放出大量农村剩余劳动力和流动人口管理政策松动，农村人口大量流向城市，以农民工为主体的流动人口规模不断扩大，成为我国城市化率大幅提升的重要因素。

根据国家人口计生委相关研究，① 1982 年全国流动人口规模为 657 万，1990 年增加到 2135 万，到 2009 年流动人口的总规模已经超过 2.11 亿；1982～2009 年，流动人口年均增长率超过 13.7%，流动人口占全国总人口的比重也由 0.6% 增加到 15% 以上。到 2010 年，根据第六次全国人口普查数据，全国流动人口已经到 2.61 亿，其中进城农民工近 2 亿（表 1.2）。

---

① 据《中国流动人口发展报告（2011）》，中国人口出版社 2011 年版。

**表 1.2　　流动人口及进城农民工变化分析**　　单位：万人，%

| 年份 | 全国人口① | 城市人口② | 流动人口③ | 进城农民工④ | ③/① | ④/① | ④/③ | ④/② |
|---|---|---|---|---|---|---|---|---|
| 1982 | 101654 | 21480 | 657 | 250 | 0.65 | 0.00 | 38.05 | 1.16 |
| 1990 | 114333 | 30195 | 2135 | 2000 | 1.87 | 1.75 | 93.68 | 6.62 |
| 1995 | 121121 | 35174 | 5349 | — | 4.42 | — | — | — |
| 2000 | 126743 | 45906 | 12000 | 8000 | 9.47 | 6.31 | 66.67 | 17.43 |
| 2005 | 130756 | 56212 | 14000 | 10000 | 10.71 | 7.65 | 71.43 | 17.79 |
| 2010 | 133972 | 66557 | 26100 | 约 19500 | 约 16 | 约 13 | 约 75 | 约 25 |

资料来源：根据 1982 年第三次全国人口普查、1990 年第四次全国人口普查、1995 年全国 1% 人口抽样调查、2000 年第五次全国人口普查、2005 年全国 1% 人口抽样调查和 2010 年第六次人口普查数据计算。2010 年的农民工数据是根据《2009 年农民工监测调查报告》中的数据推算；2005 年的数据是根据劳动和社会保障部 2005 年 5 月快速调查统计估算的。2000 年数据根据张义祯所著《中国农民工黑皮书》中数据估算。1990 年和 1982 年数据根据杨聪敏、杨黎源所著《当代农民工规模考察》中的外出农民工和流动人口数据估算。

在大规模的流动人口中，农民工及其家属是流动人口的主体。根据各方面资料我们大致推算出，1982 年我国大约有 250 万进城农民工，1990 年约为 2000 万，2000 年约为 8000 万，2005 年达到 1 亿，到 2009 年，我国进城农民工约达到 1.6 亿；进城农民工占流动人口的比重也由 1982 年的 38% 上升到 2010 年的 75%，占全国人口的比重也增加到约 13%（参见表 1.2）。由于人口流动主要指向城市，在现行按常住人口统计的口径下，城镇人口包括城镇户籍人口和以农民工为主体的没有其常住所在城市户籍的常住人口。从这个意义上说，农民工不仅是推动中国经济发展的重要力量，更是中国城市化的主力军，1982 ~2010 年的 28 年间，我国城镇化率提高约 26 个百分点，而进城农民工就贡献了约 13 个百分点。

不过，需要注意的是，正因为农民工对城市化率的贡献很大，中国的这种快速城市化质量不高①——以农民工为主体的流动人口较难享有完善的城市公共服务，他们只能算作“半城市化”。如果以享有完整公共服务的“居户一致”的城镇户籍人口作为城市化度量的标准，则我国城市化水平要低得多。2000年，我国非农人口比重为26.1%，而城市化率为36.22%；到2008年，我国非农人口比为33.3%，城市化率达到46.7%。2000～2008年，非农人口比率和城市化率之间的差距也有所增大（图1.2）。2008年，我国居住在城镇中的人口总量达到6.07亿，而同期全国非农人口总量约4.4亿，其他占总人口12%以上（约1.67亿人）居住在城镇的人口，并不具有城市户籍。这些没有城市户籍的“城市人口”中，以“奔走在城市和乡村之间”的进城农民工为主，这些人口并不是严格意义上的城市人口。

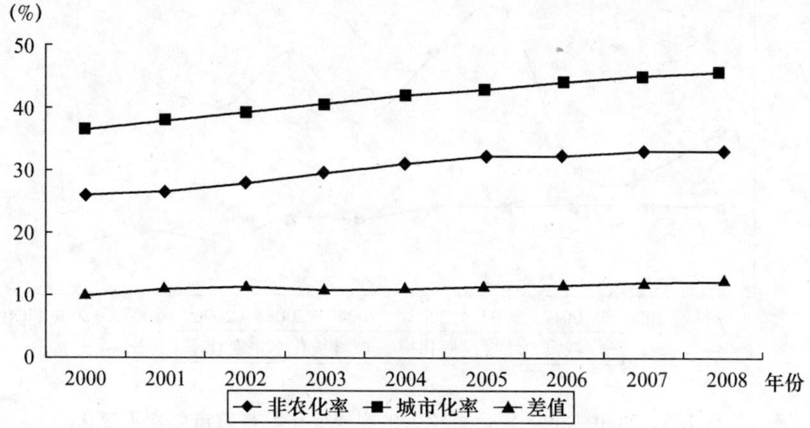


**图1.2　2000～2008年，城市化率与非农化率对比**

① 城市化质量，可以用集聚到城市的流动人口在享有公共服务及其他权利上与户籍人口的接近程度来衡量。这个程度越高，可以认为城市化质量越高。

4. 土地城市化速度快于人口城市化，但居住用地比重较低

21世纪以来，我国城市的建成区[①]面积扩张了50%，而城镇人口只增加了26%。这意味着，我国土地城镇化的速度快于人口城镇化的速度，而且基本快了一倍。2000～2008年，我国经济经历快速发展，年均经济增长率超过13%，期间城镇工矿以及交通类建设用地[②]增长率约为3.6%，城镇类土地规模扩张幅度超过25%。与此同时，城市化率由36.2%提高到45.7%，提高约10个百分点，大大低于城镇土地规模增加比重。图1.3显示了城镇土地规模变化与城市化水平变化的关系，可以看出，在城市化水平增长幅度趋减的情况下，城镇土地规模增长速度仍处于较高水平。

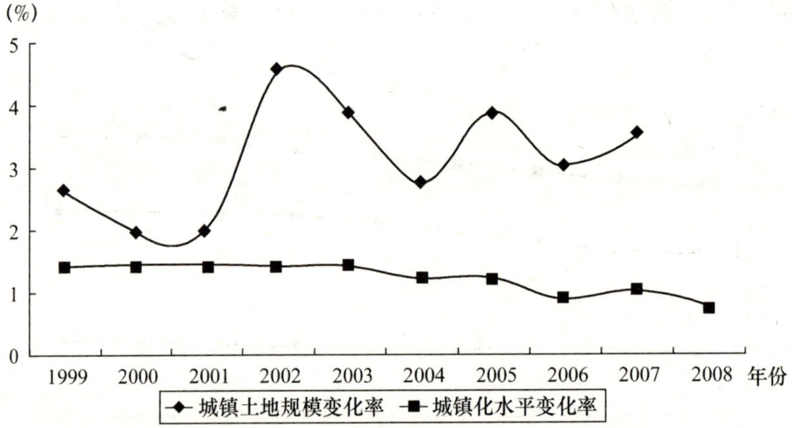


**图1.3　2000～2008年，城镇土地规模变化率与城市化水平变化**

在土地快速城镇化的过程中，独立工矿用地（开发区）和基础设施建设占用大量土地，例如，根据有关统计数据，我国国家级和省级

---

① 目前我国还未有统一、明确的方法和操作细则来界定城市建成区范围，各城市有自己的操作标准，由此得来的数据不一定非常准确。本书中的相关数据出自相关省2010年统计公报，有的城市（如北京）还根据可用数据进行了调整，以准确反映中心城区建成区的面积规模。

② 土地分类中的城镇、独立工矿和交通用地等非农建设用地，将其统归为城镇类土地。

的开发区超过1500个，开发区的平均面积超过6平方公里。居住类土地占城镇用地的比重很小，2000～2009年，北京的建成区面积由488平方公里扩展到约1350平方公里，上海由550平方公里扩展到约1500平方公里[①]，广州由431平方公里扩展到约950平方公里，深圳由136平方公里扩展到约800平方公里（图1.4）；虽然城市建成区面积不断扩张，但居住用地占建成区面积的比重较低。例如，2009年北京和深圳的这一比重分别为28.3%和25.9%，不仅低于东京等国际大城市的水平[②]，而且也低于全国地级以上城市平均居住用地比重30.3%的水平，表明我国大都市商业和工业面积比重过高，居住用地供给相对不足，因而提高了大都市区的实际人口密度。

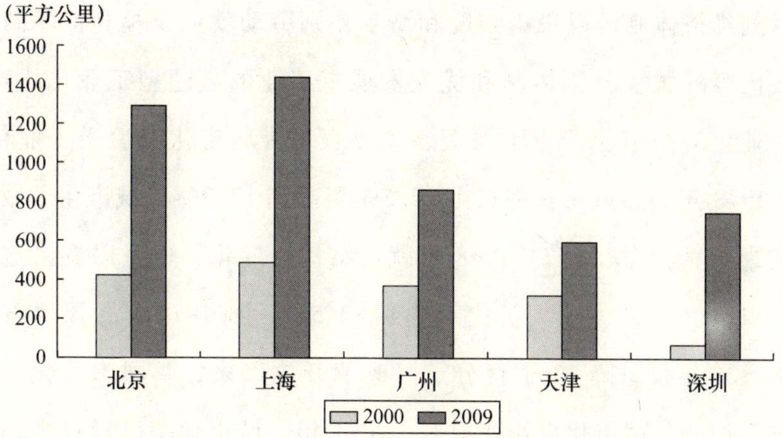


**图1.4　2000年和2009年，城市建成区面积变化**

① 上海城市建成区面积为2010年数据。建成区面积的扩张除原有城区建设用地面积的增加外，还包括新设为城区的原有建设用地纳入调整后的城市建成区范围的土地。另外，此处的建成区面积是该市行政区内所有建成区的面积，大于中心城区的建成区面积。但由于这些城市多数是单中心城市，中心城区建成区面积在全市建成区面积中通常都超过80%，因此这样比较的误差不大。

② 根据刘贤腾（《解析东京都内部空间结构》，世界地理研究，2006年，15（3））的研究，在东京都23区部中（大致相当于中心城区建成区范围），在距城市中心点0.5～15公里的范围内，居住用地占全部面积的比重约为8%～9%；距市中心2.5～4.5公里范围内，居住用地比重约为20%～30%；距市中心5.5～20公里的范围内，居住用地比重则从30%左右迅速增加到近60%。总体上估算，东京都23区部内，居住用地比重占建成区面积的比重应在40%～45%左右。

## （二）我国城市化近中期发展趋势

如果从就业的角度观察，城市化主要体现为人的就业结构高级化，即从一产转向二、三产就业；如果从城市建设的角度观察，城市化主要体现为土地的城市化，即农业用地转化为建设用地。因此，可以从工业化、土地城市化等方面判断我国城市化规律，以便更好地把握城市化的发展趋势。

1. 工业化放缓，城市化更多依靠第三产业的发展推动

工业化与城市化具有密切关系，二者可以相互促进。在市场经济体制下，工业化与城市化是相互依存和协调推进的，先行工业化国家的历史经验已证明了这一点。但在我国，特别是改革开放前，由于实行了计划经济体制、以户籍制度和城乡差别劳动就业及福利保障制度为主要内容的城乡分割体制和优先发展重工业的赶超型工业化战略，导致工业化与城市化严重不协调，主要表现为城市化滞后于工业化：1952～1978 年间，城市化率仅由 12.5% 提高到 17.9%，城市化区域差距也较为明显。[①] 从 1952～1978 年就业结构的变化，也可以看出这一点，1952 年，一产就业人员比重达到 83.5%，到 1978 年，该比重为 70.5%，26 年仅下降 13 个百分点。改革开放以来，我国工业化、城市化进程加速，城市化率快速提升，2011 年，城市化率已经过半，城市化与工业化的协调程度已大为提高。[②] 下一阶段，我国的工业化发展路径和速度已有规划，[③] 与之相应的城市化发展趋势如何呢？

---

① 李佐军：《城市化滞后于工业化的主要成因及协调推进对策》，《太湖前沿》，2008 年第 1 期。

② 根据 2009 年中国社科院发布的《工业化蓝皮书》（社科文献出版社 2009 年版），我国整体上已经进入工业化中期后半段，而北京、上海等大城市已经进入后工业化时期；对当前我国城市化与工业化之间的关系，较为普遍的观点认为我国城市化发展仍滞后于工业化进程，但也有学者指出当前城市化和工业化进程已经较为协调。

③ 参见《中华人民共和国国民经济和社会发展第十二个五年规划纲要》。

考虑到一般情况下生产方式决定生活方式，可以简要分析产业结构、就业结构变化与城市化率变化的情况，据此判断我国未来城市化进程中的规律。以二、三产业为主，是城市产业和就业的突出特征，因此，一产就业结构的变化与城市化率的变化情况，大致能够反映工业化（非农化）进程中人口的转移情况。1978～2010年，我国一产就业比重从70.5%降低到38.1%①，下降32个百分点，同期，城市化率提高超过32个百分点；就近十多年的情况看，2000～2010年，一产就业比重下降值与城市化率提升值均约13个百分点。从产业结构和就业结构的对比情况看，自2000年以来，一产比重由15%下降到10%左右，二产比重基本维持在45%～47%，最高达到近48%（2006年），三产比重在波动中由39%上升到43%；二产和三产就业人员的比重分别上升约4个和8个百分点。可以看出，三产就业弹性较二产大。从国际经验看，当前我国二产比重远大于各发达经济体和发展中大国。从各国历史数据看，联邦德国1970年二产比重曾达到49%，到1980年下降到44.5%，到2005年，进一步下降到29.7%。美国的二产结构在1965年前后约为37%，到2005年，也下降到30%以下。韩国自1990～2005年，二产比重始终保持在40%左右，同期，一产由9%下降到3%左右，三产比重有较大提高。

对我国而言，从当前的产业结构看，借鉴国际经验，我国二产比重可能呈现逐步下降的态势。在工业化进入中期后半段的情况下，二产吸纳人口的能力将下降，未来人口的城市化将主要依赖第三产业的发展，三产将担当起吸纳就业人口、带动城市化的水平提升的重任。这种方式吸纳的人口主要来自两个方面：一是来自农村的转移人口；

① 该数值为2009年统计数据。

二是二产就业弹性降低以及比重下降所释放出的人口。《“十二五”规划纲要》提出“建立扩大内需长效机制”、“推动服务业大发展”，并把“积极稳妥推进城镇化”、“提升城镇化的质量”作为重要战略任务。因此，我国未来城市化的路径是扩大内需，发展服务业，实现较高质量的城市化。

2. 进入城市化中后期阶段，城市化率继续提高但增速放缓

无论从经济发展阶段还是从城市化发展规律看，我国仍处于城市化进一步发展的时期。但由于城市化所处阶段以及我国人口结构的变化，城市化速度将有所下降。

首先，是城市化所处阶段。到 2011 年，我国城市化率已经超过 50%，已经达到城市化中期。一般而言，城市化水平处于 30% ~70% 为城市化中期阶段，这一阶段又大致可以分为前后两个次阶段，城市化水平在 30% ~50% 时，由于工业化的快速推进，特别是劳动密集型产业的发展，农村剩余劳动力快速转移，城市化进程呈逐步加速的态势。在城市化水平超过 50% 后，随着产业结构向资本密集型和技术密集型转变，工业就业弹性趋于下降，劳动力的转移将由以工业为主逐步向以第三产业为主转变，城市化在促进消费方面的作用更为突出，城市化进程也将呈逐步减速的态势，而我国当前正处在这一时期。

其次，是我国人口结构的变化。中国人口再生产类型逐步进入低生育阶段，15 ~64 岁劳动年龄人口的增长率从 20 世纪 90 年代以来开始放慢，预计到 2015 年左右达到零增长，之后可能开始负增长，这也意味着农村可供大规模转移的净增劳动力数量开始下降。根据“十二五”规划，到规划期末，我国人口控制在 13.9 亿，城市化率在 47.5%①的基

① 根据《“十二五”规划纲要》数据，此数据为第六次人口普查数据公布之前的统计数据，低于第六次人口普查数据。

础上提高4个百分点。由于人口数据在第六次人口普查之后有所调整，假定到2015年，全国人口仍可控制在14亿以内，按照相关预测，城镇人口年均增长约1650万，其中，城镇人口自然增长约350万，农村转移人口1300万，到2015年，城市化率预计达到53%～55%，城市人口预计超过7.4亿。“十二五”末到2020年，全国人口预计达到14.3亿，城市化水平达到56%～58%，期间新增城镇人口约0.81亿，城镇总人口将超过8亿。

3. 城市化质量进一步提升，农民工市民化步伐加快

虽然目前的城市化率能够反映我国城市化发展的程度，但因为现行的户籍制度以及由此产生的人口享受公共服务的差别，这一城市化率并不能反映真正享有完整的城市公共服务的人口数量。在现行统计口径下，城市人口增量中，有70%以上的仍然为农业户籍人口。例如，2008年，按照常住人口统计的全国城镇化率为45.68%，按户籍人口口径统计的全国城镇化率为33.28%，二者相差12.4个百分点。尽管两种口径全国总人口数有所差别，但以两种口径数据平均值乘以两种口径下的城市化率，仍可以计算出全国城市农民工的总规模超过1.6亿。也就是说，由于我国当前城市化率的计算以居民半年以上居住地为依据，不以享有公共服务的程度为标准，而现实中医疗、教育、住房以及其他多项社会保障通常以户籍为基础，因此，这部分被计入城市人口的农民工实际上处于“半城市化”的状态，城市化率也是含有“水分”的。因此，未来应着力解决从农民到市民的空间、身份、职业、行为和心理转换，优先把已经居住在城市中的、未能享受完整的城市公共服务的“半城市”人口“化”为真正的城市人口，促进有定居意愿的农民工在城市安家落户[①]，加快农民工市民化，这是城市

① 根据国务院发展研究中心一项关于农民工意愿的调查，有70%以上的农民工具有定居城镇的意愿。

化质量提升的应有之义。

《“十二五”规划纲要》提出，“稳步推进农业转移人口转为城镇居民”、“把符合落户条件的农业转移人口逐步转为城镇居民作为推进城镇化的重要任务”。稳妥推进城镇化，是促进经济结构战略性调整、实现发展方式转型和社会和谐稳定的重大举措。“十二五”时期是全面建设小康社会的关键时期，到2020年，我国将实现全面建设小康社会目标。假定未来农民工市民化进程与实现全面小康社会目标同步，未来10年，农民工市民化大体上得以实现。这样，到2020年，占全国人口10%～15%的数以亿计的农民工将有望基本上实现市民化，其家庭人口城市化将的数量是一个更大的数字。

4. 城市化更多依靠城市群发展方式，大城市人口比重和东部地区城市人口比重进一步提高

由于大城市在经济发展和公共服务提供方面的规模效应，多数发展中国家的城市化走的是以大城市、城市群为主的道路。

未来我国的城市发展也将呈现出集群化的态势，即以城市连绵带（城市群地区）的形式发展为主。2010年，国务院批准的《全国主体功能区规划》，要求统筹谋划人口分布、经济布局、国土利用和城镇化格局，形成人口、经济、资源环境相协调的空间开发格局，该“规划”进一步明确了我国城市化空间格局，并提出构建“两横三纵”为主体的城市化战略格局。同时，为促进区域协调发展，实施区域发展战略，国家先后批复13个区域规划上升为国家战略，支持不同区域差别化发展。在此基础上，“十二五”规划也明确提出，优化城市化布局和形态，在遵循城市发展客观规律的基础上，构建以陆桥通道、沿长江通道为两条横轴，以沿海、京哈京广、包昆通道为三条纵轴，以轴线上若干城市群为依托、其他城市化地区和城市为重要组成部分的

城市化战略格局。根据“十二五”规划和全国主体功能区划，未来我国将形成20个左右的城市群地区，城市群地区将成为我国经济和人口集聚的重点区域。

可以从一个比较理论化的角度来定量分析人口在城市化中的聚集规律，并据此推测我国人口在城市化中从空间分布角度而言的趋势。观察世界上其他国家的情况，多数国家经济—人口分布协调程度较高。总体上看，一个区域的经济份额（以GDP比重表示）与人口规模份额相差不大，二者比值（定义为GPR，下同）趋向于1，表明总体上区域差异较小，但就我国的情况看，无论是从省级尺度还是从都市圈尺度看，经济—人口分布不协调程度较高。表1.3反映了我国和世界部分国家经济—人口分布协调度（以人口比重为权重的GPR方差值表示）比较（在此命名为经济—人口分布协调偏离度指数，以HD表示），该值越大，表示区域差距越大，可以看出，无论相比发达国家还是巴西、印度等发展中国家，我国区域差距都较大。我国东部地区发展水平较高，是流动人口集中的区域（表1.4），人口密度较大，但即使如此，东部地区经济份额与人口规模份额比重依然较高，因此，东部地区仍有进一步集聚人口的潜力。

**表1.3　　部分国家经济—人口分布协调偏离度指数**

| 国　家 | HD | HD 均值 |
| --- | --- | --- |
| 奥地利 | 0.248 | |
| 澳大利亚 | 0.095 | |
| 比利时 | 0.231 | |
| 法　国 | 0.258 | 0.210 |
| 芬　兰 | 0.241 | |
| 荷　兰 | 0.138 | |
| 加拿大 | 0.136 | |

续表

| 国　家 | HD | HD 均值 |
|---|---|---|
| 美　国 | 0.160 | |
| 葡萄牙 | 0.186 | |
| 日　本 | 0.292 | |
| 瑞　典 | 0.168 | |
| 西班牙 | 0.235 | |
| 西　德 | 0.199 | |
| 希　腊 | 0.155 | |
| 意大利 | 0.273 | |
| 英　国 | 0.332 | |
| 巴　西 | 0.476 | 0.464 |
| 印　度 | 0.452 | |
| 中　国 | 0.539 | 0.539 |

注：①巴西、印度、中国为 2005 年数据，其他国家为 1999 年数据。

②由于 1999 年时德国统一时间尚且较短，并且东、西差别较大，因此，只分析西德情况（不包括柏林州——东西柏林合并后导致柏林州相比西德其他州平均水平而言经济要落后一些），州以下进一步分为行政区的区域在此作为一级行政区与不分区的州并列。

资料来源：巴西、印度数据分别根据 http：//www.ibge.gov.br/及 http：//mospi.nic.in/数据整理。其他国家数据来源于 http：//www.demographia.com/db－intlppp－region.htm。

**表 1.4　　2009 年四大经济区流动人口情况**　　单位：%

| | | 东部 | 中部 | 西部 | 东北 |
|---|---|---|---|---|---|
| 流入人口占全国流动人口比重 | 总流入 | 77.76 | 6.61 | 13.83 | 1.80 |
| | 跨省流入 | 89.13 | 2.48 | 7.49 | 0.91 |
| | 省内流入 | 50.42 | 16.56 | 29.06 | 3.96 |
| 流入人口与区域人口比 | 流入/区域总人口 | 15.15 | 1.74 | 3.54 | 1.55 |
| | 流入/区域城镇人口 | 27.10 | 4.26 | 9.23 | 2.73 |

从都市区层面看，国外都市圈地区 GDP 占全国的比重与人口比重也相对均衡。例如，根据美国经济普查局数据，2000 年前后，美国纽约、洛杉矶两个大都市圈地区，GDP 和人口占全国的份额比值大致为

1.1～1.15，都市圈地区发展水平略高于全国，但幅度并不大。而英国伦敦地区（包括内伦敦和外伦敦）1999年GDP份额和人口份额的比值为1.49。可见，即使在发展水平较高的都市圈地区，经济份额和人口份额相差也不很大，这表明发达国家地区经济和人口分布处于相对均衡的状态。反观我国的都市群地区，经济集聚规模远大于人口集聚规模。例如，2008年，长三角、珠三角以及京津都市圈创造了40%左右的国内生产总值，却只居住了15%左右的全国人口，三个都市圈经济份额与人口规模份额之比分别达到3、2.4和1.6。如果仅以北京、上海、广州等大城市看，该比值更是超过3。由于以就业为主的经济因素是决定人口迁移的主要因素，因此，从国际经验对比看，这些大都市区对人口的吸引力仍然很大，未来人口有向这些都市区进一步集中的趋势，即这些城市的常住人口以10年为期看，仍将大体保持增长态势。

5. 土地城市化快于人口城市化的状况有望改善，实现人口与土地的同步城市化

在过去三十多年的发展中，我国土地城市化快于人口城市化，这既与我国现行的土地管理制度以及由此产生的“土地财政”等有关，也与我国快速的工业化进程有关。在我国十余年来的经济快速增长和重化工业高速发展中，由于整个中国的经济发展方式是高投资、高出口和高耗费类型，加之地方政府主导经济发展，以致土地在中国经济发展中扮演着重要角色：以廉价土地为重要吸引物的招商引资推进了高速工业化；而土地出让和土地抵押融资也助推了快速城镇化。尤其值得注意的是，即使在上海这样的大城市，工业用地比重极高也是不争的事实：2010年，上海市建成区中工业用地占到33%，远高于国际城市15%～17%的正常比例。这也使得在同样面积的建成区、同样的

人口密度下，我国城市的实际人口居住密度更高。

随着我国进入工业化中期后半段，工业用地集约度有望提高；而产业结构调整的推进也将使第二产业比重有所下降，以服务业为主的第三产业比重则会显著提升。这将释放出一部分工业用地，缓解城市居住以及服务用地不足的局面。另外，加快城乡建设用地统一市场，实现“同地、同权、同价”，也会使城市建设征地会更好地考虑农村人口的转移，实现土地城市化与人口城市化的同步发展。

这些方面的发展趋势，使得城市建设和管理必须超前作出相应的调整，否则就可能出现城市的社会管理和公共服务能力提高与人口集聚程度不相称的局面，城市就可能“患病”甚至发展成沉疴宿疾。

本章初稿执笔人：李彦龙　王大伟　苏　杨

第二章

# 中国城市病的表现形式和直接成因

以城市发展愿景作为参照，就容易准确界定和衡量城市病，并能根据我国的实际情况将研究聚焦于我国现阶段的城市病。

## 一、中国城市病的表现形式

### （一）城市病的定义

如前所述，从空间分布角度看，城市的主要特征是集聚，城市的各种利弊也源于集聚，城市病就是其中一弊。只着眼于现实状态的城市管理的话，**所谓“城市病”（Urban Disease），是常常与人口在大城市过度集聚相伴随的若干社会管理和公共服务问题的统称**。如果以城市发展愿景作为参照，按集聚与发达、宜居与文明作为衡量标准，可以将城市病的具体表现形式总结为人口拥挤、交通拥堵、环境污染、住房困难、资源供应紧张、安全风险增加、城市秩序恶化、贫富差距过大、存在低收入人群成片聚集区及城市缺少文化特征等。

**城市病的表现形式取决于城市化的阶段和形式。**早期城市病主要出现在欧美等发达国家，由于工业生产要求劳动力靠近工厂居住，所以矿业以外的工业大多集中在城市，以方便雇佣向城市集中的农村劳动力，这一时期城市的主要特点是工业集聚和居住与工业混杂。然而，城市过度集聚导致城市人口分布过度集中，继而导致住房困难、居住环境恶劣。居住毗邻工厂又造成城市卫生条件恶劣，城市环境污染严重和疾病流行。其后，城市产业、人口不断集聚导致城市用地扩张，私人机动车普及为远距离通勤提供可能，中心区集聚的人口为获得更舒适的居住环境开始向郊区迁移，由此导致发达国家新的城市病出现：中心区逐渐衰落，城市快速向郊区蔓延，城市边缘地区环境日益遭到破坏，迁至郊区的居民不得不忍受通勤中的交通拥堵。而在广大发展中国家，其大城市中也普遍存在着住房短缺、交通拥堵等问题，但其产生原因通常与发达国家有所区别。以墨西哥等拉美国家为例，在20世纪60年代进入工业化快速发展阶段后，城市人口迅速集聚，城市化水平甚至超过发达国家，造成“过度城市化”：工业化与城市化进程不匹配，难以提供足够的就业机会给大量涌入城市的农村居民，城市中的贫民集中区的社会管理和公共服务显著劣于其他区域，贫民窟中几乎集中了所有的城市病表现形式。

正因为城市病的表现形式与城市化的阶段和形式有关，不同国家、不同阶段的城市化有不同的特点，本书中的城市病必须具有针对性。考虑本研究的初衷，**我们只将与集聚直接相关的、发生在大城市中的社会管理和公共服务方面的共性问题，才作为城市病看待。**根据这一判断标准，综合我国部分特大城市“城市病”的表现形式和社会反映的热点①，

① 这方面可举例。2010年9月27日，首都之窗公布了北京市“政风行风热线”用户调查情况，结果显示，参与调查用户比较关注的问题最集中的是公共交通，占了67.7%；其次为涉及经济适用房、廉租房、限价房等住房问题的占56.1%；关于环境质量和环境卫生则为53.4%，显著高于其他类别。

可以认为**人口拥挤、交通拥堵、环境污染、住房困难等是现阶段我国较为突出的城市病**。这四方面城市病存在明显的关联，例如人口拥挤是其他城市病发生的重要诱因，交通拥堵是城市环境污染的重要诱因等。这些“病症”，又因为我国大城市人口增长的特点——以农民工为主的流动人口是人口增长的主要人群，而显著加重。至于像上学难、看病难、就业困难、资源供给困难等问题，并非只出现于城市，其主因也并非城市化带来的集聚；而像安全风险增加、社会秩序恶化以及城市缺少文化特征等并非我国的城市病中引人注目的热点，不是我国城市化中影响国计民生的突出问题，也并非高速城市化中必然出现的，所以我们不将其作为研究对象。

### （二）中国城市病的主要表现形式

城市病是现代工业文明的产物，也是城市发展过程中或多或少都需要付出的代价。我国自改革开放以来，城市化提速，用30多年的时间基本走完了西方国家近百年的历程。这种跨越式的城市化，也使我国的城市病尤为突出，在相关管理部门和学术界对城市病尚未有较好地认识并采取措施之前，城市病就集中显现出来。以下就对四类城市病进行分类描述（更具体的表现可参看本书的附件一、二、三）。

1. 人口拥挤

集聚是城市的本质特征，但城市人口与城市社会管理和公共服务能力不相适应的集聚就会引发各种问题——不仅人口规模和人口密度急剧增大本身就削弱了城市的生活功能，还会使交通拥堵①、环

① 据北京市公安交通管理局2011年的测算，北京市每增加1个流动人口，每日交通出行量增加2.64次，新增交通供给能力很快被人口增量所抵消。2005年，六环以内日均出行量为2015万人次，2010年，增加到2804万人次，增长了39%。

境污染[1]、住房困难等其他“城市病”更易被引发。尤其我国的一线城市，在人口集聚上已经形成了人口规模大、增速快且人口拥挤三方面特点，且流动性强，数百万人大进大出，还有许多是集中不分户居住[2]，更加大了社会管理和公共服务的难度。

人口规模大、增速快且人口拥挤这三方面的情况可以北京市为例来说明：①据统计，截至2010年年底，北京市常住人口总数近2000万人，大大突破了北京“十一五”规划末常住人口1625万人的控制目标，同时已经提前10年突破了国务院批复的《北京城市总体规划(2004～2020)》确定的到2020年北京市常住人口总量控制在1800万人的目标。②第六次人口普查的数据显示，北京常住人口与10年前相比增加604.3万人，平均每年增加60.4万人，年平均增长率为3.8%，这一增幅远高于全国。其中，半年以上流动人口704.5万人，与2000年第五次全国人口普查相比，增加了447.7万人，平均每年增加44.8万人，年平均增长率为10.6%（远远高于总人口增长率），其在常住人口中的比重由2000年的18.9%提高到2010年的35.9%。这意味着北京市的常住人口中，3个人中有1个是外地来京人员。③北京市的人口高度聚集于中心城区的建成区，仅占全市面积不到8%的中心城

① 可举例说明，北京北部的清河污染严重，多处河段为劣V类水。但清河流域并非没有治理，其沿线已建有3座污水处理厂，其中2004年建成的清河污水处理厂规模最大，处理能力达45万吨/日。但污水量的增加远远超过了污水处理厂能力的提升。2010年，清河高峰期污水来水量为每日60万～70万吨，低峰期也有每日50万吨，都超过了清河污水处理厂45万吨日处理能力。处理不了这么多污水，污水管线水位就会抬高，一部分污水从雨水管线排出，造成污水直排清河，因此污染严重。这种情况出现的原因是污水处理厂的处理能力是按照《北京城市总体规划（2004～2020)》中的规划人口数量确定的。根据该规划，清河污水处理厂按处理190万人的生活污水并适度超前确定了建设规模。但2008年北京奥运会后，在清河流域，特别是清河边上住宅增加很快，2010年该区域人口数达290万。这种情况在北京的其他区域也存在，总体上是因为北京的人口提前10年超过了1800万，可污水处理规划还在依据原来的城市规划，这导致污水处理能力相对人口规模来说严重不足。

② 相当数量农民工和“蚁族”群体就属于这种情况。

区建成区中集聚了全市超过80%的常住人口。目前，我国的一线城市人口拥挤情况可从表2.1的对比中可见一斑。

**表2.1　　　　一些大城市的人口密度比较①**

| 城　市 | 建成区人口规模（万人） | 建成区面积（平方公里） | 人口密度（万/平方公里） |
|---|---|---|---|
| 北　京 | 约1600 | 约1350 | 1.19 |
| 上　海 | 约1900 | 约1500 | 1.27 |
| 广　州 | 约1300 | 约1100 | 1.15 |
| 深　圳 | 约1000 | 约830 | 1.20 |
| 东京（23区） | 896.9 | 617.2 | 1.45 |
| 纽约（5区） | 839 | 790 | 1.06 |

可以看出，我国的一线城市人口密度较高，介于东京和纽约之间。而且，这些城市的人口增速最近10年都维持在一个高位水平，大约年增加4%左右，这使人口拥挤状况丝毫看不到好转的迹象。显然，这样快速的人口增长和这样高的中心区人口密度，很难不对城市公共服务和社会管理形成较大的冲击。

---

① 理论上，对单中心城市而言（我国大多数大城市是单中心城市），城市中心城区的建成区内的常住人口除以中心城区的建成区面积，才是城市病角度的城市人口密度。但我国的城市并非真正的城区（即便所谓的城区，也包括大量属于非建成区的区域），而是行政区，因此相关数据分析必须进行取舍。例如，我们大致以北京六环路内区域作为中心建成区来分析城市人口密度。但人口数据是以行政区为单位统计的，难以获得建成区（尤其是中心城区的建成区）内人口的真实数据，因此，我们只能采用行政区内实际城镇居民数除以总建成区面积的方法来估算城市人口密度。表中数据的处理方式如下：北京的第六次人口普查人口为1961万，其中居住在非建成区的农村居民约为250万，远郊区县的本地城镇户籍常住人口约100万，故符合我们定义的北京居民按1600万计量；上海2010年第六次人口普查人口为2302万，其中，宝山、闵行、浦东、嘉定、松江、青浦、奉贤、金山等8个近远郊区的总人口为1603万，根据有关资料，上海市郊区城市化率约为75%，据此计算上海农村居民约为400万，故符合我们定义的上海居民按1900万计量。在国际比较中，东京的23个特别行政区（不是东京都市圈或东京都的人口），大致相当于中心城区（也基本属于建成区），人口数据为截止到2011年12月数据。比东京23区范围更大的是东京都，由23个特别行政区和26个市、5个町、8个村所组成，面积2188平方公里，2009年人口约为1300万。东京都与神奈川县、千叶县、埼玉县的部分区域，组成了东京都市圈，总面积约7850平方公里，2007年，总人口为3670万。2009年，纽约市区人口为839万，中心五城区总面积为790平方公里（基本都属于中心城区的建成区）。

2. 交通拥堵

目前，我国的大城市普遍呈现交通拥堵状态，这可从两方面指标得以反映。首先是机动车速下降。可举两个一线城市为例：北京二环内（含二环）的干线道路上，高峰时段机动车的平均速度已由1994年的每小时45公里，下降到2003年的12公里和2008年的10公里以下，低于自行车12公里/小时的车速（据北京市公安交通管理局的统计）；2008年上海中心区主要地面干道晚高峰平均行程车速为每小时14公里，其中低于15公里和介于15～20公里之间分别占约50%和20%（据上海市公安局交通管理总队的统计）。其次是人均通勤时间延长。问卷调查显示，北京的人均单程上下班时间，由2005年的38分钟提高到2010年的45分钟。[①]

这两个指标还反映出目前的治理交通拥堵措施并未真正见效，这既与人流和车流的聚集程度显著增长有关，也与不合理的交通流向有关：

①人流快速增长。北京市每增加1个人，每日交通出行量增加2.64次[②]，新增交通供给能力将很快被人口增量所抵消，六环路以内地区日行总量已达3500万人次。

②汽车数量快速上升。到2010年，北京、上海、广州等大城市人均GDP已达到或超过1万美元，“住行”为主导的消费升级是拉动这些城市经济增长的重要因素。例如，近年来，北京市汽车消费对于GDP的贡献率曾高达60%。自2001～2010年，北京市汽车保有量由

---

① 据《北京城乡发展报告》（蓝皮书）（社科文献出版社2011年版），数据通过北京市社会科学院的抽样问卷调查获得。这其中也有通勤距离变长的因素，但调查说明，被调查者的通勤距离基本没有变动。而且，这个调查反映，北京市实施的错时上下班制度（2010年4月），并没能缓解交通拥堵，反而在一定程度上将通勤高峰时间拉长，增加了拥堵的时间段。

② 楚国清：《北京城市交通拥堵的原因及对策》，《新视野》，2011年第2期。

169万辆增加到476万量，汽车数量年均增长率超过12%，增长最快的年份高达20%（表2.2）。到2010年，北京每百户私人汽车拥有量超过60辆，随着经济进一步发展，家庭购买力显著增强，汽车数量仍有较快增加的趋势。人口增长和消费升级，使得新增交通供给能力难以跟上新增交通需求，交通拥堵的问题在短期内难有改变。不过，必须看到，人流和车流聚集程度的提高，并非交通拥堵的直接成因，国际上也不乏区域内人口密度和机动车保有数量很高但交通畅通情况较好的例子（例如美国的大洛杉矶地区）。

**表2.2　　2001~2010年北京汽车保有量变化**

| 年　份 | 汽车保有量（万辆） | 汽车增长率（%） |
|---|---|---|
| 2001 | 169.9 | 12.74 |
| 2002 | 176.5 | 3.88 |
| 2003 | 212.4 | 20.34 |
| 2004 | 229.6 | 8.10 |
| 2005 | 258.3 | 12.50 |
| 2006 | 287.6 | 11.34 |
| 2007 | 312.8 | 8.76 |
| 2008 | 350.4 | 12.02 |
| 2009 | 400 | 14.16 |
| 2010 | 476 | 19.00 |

③潮汐式交通现象严重。在一线城市，尤其是北京这样以同心圆方式发展的城市，上班时间进城方向拥堵，下班时间出城方向拥堵，任何疏解交通拥堵的措施都很难缓解这种特定时间段、特定流向上不合理的车流集聚。

3. 环境污染

拥挤的人口、拥堵的交通、输入性生活消费、脆弱的环境自净力，再加上城市本身的热岛效应，如果防控措施跟不上，城市环境必然日益恶化——这是与城市的集聚直接相关的弊端之一，迄今即便发达国家的大城市的环境质量也几乎无一例外地劣于本国产业结构相似的中小城市。

可以将我国大城市普遍出现且民怨集中的环境污染总结为三方面:

(1) 空气质量恶劣。2010年,全国17.2%的城市空气质量未达到国家二级标准,主要是可吸入颗粒物浓度超标。经济发达地区氮氧化物(NOx)和挥发性有机物(VOCs)排放量显著增长,在PM10和总悬浮颗粒物(TSP)污染还未全面解决的情况下,京津冀、长江三角洲、珠江三角洲等区域PM2.5和$O_3$污染加重,灰霾现象频繁发生,已成为民怨所在。上海、广州、天津、深圳等城市的灰霾天数分别占全年总天数的30%~50%。按照世界卫生组织的标准,若考虑加入PM2.5的达标情况,中国空气质量达标的城市将从现在的80%下降到20%。这其中尤其需要注意的是,机动车尾气是氮氧化物和PM2.5的重要来源,例如北京市氮氧化物排放量中的近一半来自机动车尾气,因此交通拥堵与环境污染具有很强的正相关性。

(2) 垃圾围城。人口的大量增加和生活水平的提高、生活方式的变化等,都使城市生活垃圾快速增长。以上海为例,城市人口每增加10万人,每年将增加3.65万吨生活垃圾①。由于人口的膨胀远远超过城市规划确定的控制人口规模,导致按规划设计的城市基础设施处于超负荷运转状态,垃圾处理能力无法满足现实需求,只好采用环城堆放的方式进行临时处置,形成垃圾围城的现象。例如,北京2009年生活垃圾产生量669万吨②,生活垃圾日产生量1.83万吨,设施总设计

---

① 夏越青、钱光人、王茹静,《上海市生活垃圾产生量预测方法研究》,《环境卫生工程》,2005年第3期。

② 据首都精神文明建设委员会办公室和北京市市政市容管理委员会发表在2010年4月15日的《北京日报》上的《文明有礼重在行动垃圾减量分类从我做起——致广大市民及社会各界的一封信》。

日处理能力 1.27 万吨，实际日处理 1.74 万吨，虽然处于超负荷运行状态，但仍然无法实现垃圾全部处理。积攒的垃圾目前已经环城形成了一百多个较大规模的垃圾堆，被戏称为北京的“垃圾七环”（如图 2.1）。

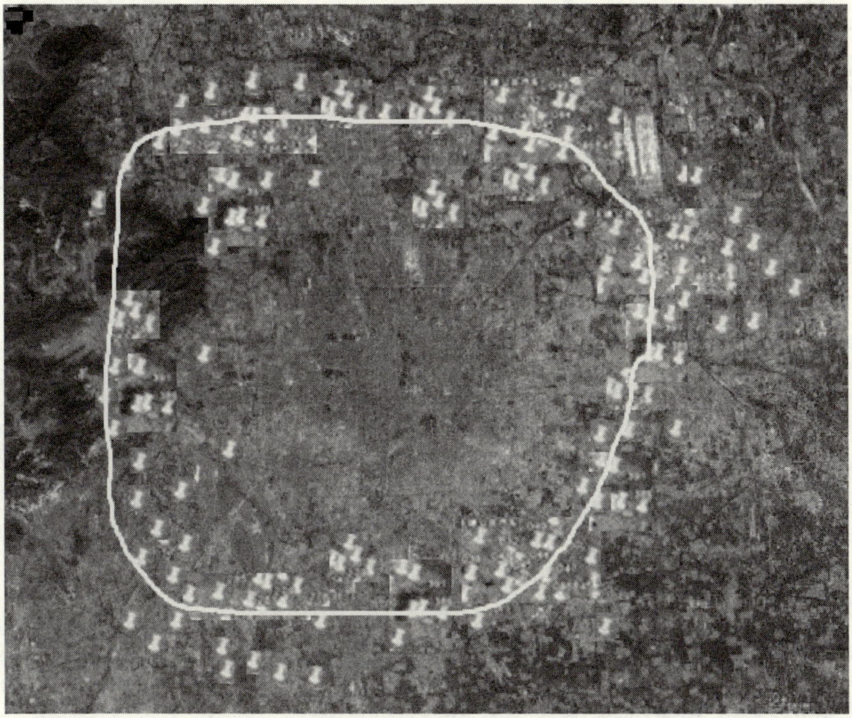

**图 2.1　北京较大规模的垃圾堆分布情况**

(3) 水体污染。我国大多数大城市的地表水污染严重，北京、上海、广州、深圳四个一线城市的饮用水源以外的地表水，均以Ⅳ、Ⅴ类水为主[①]。

4. 住房困难

住房困难并非居民无蔽身之地，而指相当数量的城市常住人口难

① 据 2010 年《中国环境质量统计公报》。

以达到基本的、较为体面的居住条件（即住房有足够面积且成套、能满足家庭生活的正常需要等）。

城市居民的住房状况可以从人均住房数量①及结构、居住质量（居住是否成套、相关基础设施是否跟上）等方面来反映。通常衡量住房支付能力的指标有房价收入比、房租收入比以及住房支付能力指数②等。图 2.2 显示的是 2009 ~ 2010 年我国 35 个大中城市住房支付能力指数的情况，不难发现，我国住房支付能力达不到一般水平的居民比例较高且一直在提高。

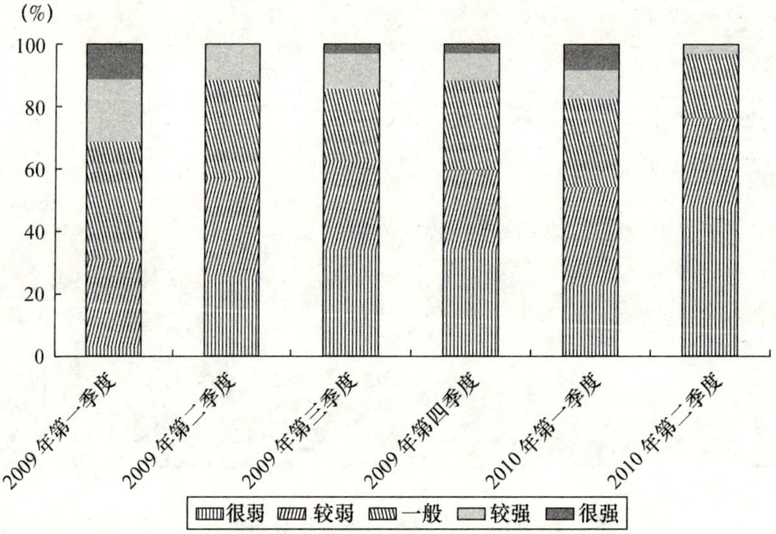


**图 2. 2　35 个大中城市 2009 ~ 2010 年季度住房支付能力指数的分布**

以北京为例，尽管居民的住房状况从面上和纵向看有了很大改观，但这种改进还没有跟上人民群众住房需要提高的速度：2010 年，北京

① 贫富差别和投机等都使得我国大城市有相当面积的空置房存在，这使表面的人均住房面积这个指标还难以反映低收入人群的住房困难情况。

② 在计算住房支付能力指数（Housing Affordability Index）时，住房价格、可支配收入和家庭人口信息来自《中国统计月报》，利率数据取自中国人民银行货币政策分析小组发布的《中国货币政策执行报告》。

城镇居民人均住宅建筑面积是28.81平方米，比1990年增长约50%，但与土地资源同样紧缺的日本首都东京相比，北京人均居住面积仍低于东京（根据日本统计局国势调查报告（2000年），日本东京都人均居住面积为28.1平方米[①]，位列日本47个都道府县的最后一位）。而且，客观和主观指标都说明，大城市居民的住房改善的困难程度在明显增大。客观而言，在住房支付能力指数比较中，2010年第一季度全国35个大中城市中住房支付能力指数测算中，住房支付能力最弱的是北京（0.35）、深圳（0.45）、海口（0.45）、上海（0.57）和杭州（0.58）；到2010年第二季度，住房支付能力最弱的城市是北京（0.27）、杭州（0.32）、宁波（0.36）、海口（0.36）、上海（0.42）、厦门（0.49）。主观而言，可以找到两方面依据：第一个是与各大城市中北京市的住房支付能力最弱一致的是，国家统计局北京调查总队2010年4~5月在全市抽取800户城镇居民家庭开支住房需求及满意情况调查，调查中问及“您认为目前本市的房价如何”时，认为高和偏高的受访者共计98.1%，其中87.1%选择高，11.0%选择偏高，且有购房意向家庭中持观望态度居多，期待房价下降再购房。第二个是民生指数课题组通过国家统计局社情民意调查中心的电话调查显示，超过70%的城市居民认为房价“过高，难以接受”。高房价降低了城市居民的生活幸福感，城市生活功能逐渐被弱化，也为城市经济持续发展埋下潜在危机，还抑制了社会中间阶层扩大，加剧了城市社会矛盾。

与这种面上不满意情况相应的是，还有大量住房困难人群。住房困难按人群来区分有三方面表现：①以农民工为主体的流动人口难以

---

① 日本与我国住房统计指标常用的建筑面积的概念不同，该面积为房屋实际使用面积，建筑面积折合为实际使用面积的系数约为0.7~0.8。假如按0.8计算，日本东京都的人均建筑面积约为35平方米。

达到基本的居住条件，即其不仅难以获得自有住房，连租住达到基本条件的成套房都很困难，整体居住质量显著劣于有城市户籍的人群。大多数农民工所住房屋不成套（室内卫生设备缺乏，共用水龙头、厕所、淋浴等）、无服务（无物业管理等），且周围环境脏乱差。这部分人群在居住分布上呈“大分散、小集中”的特点，主要零星分布在一些市区尚待改造的“城中村”或郊区临时搭建的危简、违章“棚户区”；在居住形式上以“租赁房屋”和寄居“宿舍、工棚”为主[①]。而且，在住房福利方面，农民工既不能获得福利住房，也基本不可能从国家和单位获得补贴。虽然目前各级政府已开始重视流动人口的住房问题，但相比庞大的流动人口群体来说，目前的解决力度只有象征意义。若以我国城镇家庭30%～40%的比例提供公共住房、流动人口工资仅为户籍劳动力的60%左右计算，至少要有50%以上的流动人口需要政府帮助其解决住房问题。②有城市户籍的低收入人群[②]，也有相当数量没有满足基本居住需求。尽管到2011年，我国已经大体实现所有城市低收入住房困难群体的应保尽保（实物或货币补贴），全国已有512个城市建立了廉租住房制度，但全国实际享受过廉租房政策家庭比例仍不高。而且，值得指出的是，现有城市低收入家庭所住的老旧房屋大多结构简陋，功能不全，年久失修，危房比例高，安全隐患大，基础设施很不完善。还有更大规模的人群的改善性居住要求主要因为房价的原因难以满足，这种困难可从前述住房支付能力以及房价与收入的关系中见其一端：2002～2009年，北京住房平均价格增长近10倍，期间，城镇居民可支配收入仅增长不足2.5倍。③存在大量

① 胡昊、殷婷婷：《农民工城市住房保障政策研究》，《上海房地》，2007年第8期。

② 主要指城市的无业、无劳动能力以及企业失业下岗人员，大体上与“城市低保对象”的范围相当。这类人员学历不高、劳动技能差、年龄也偏大，在劳动力市场上属于弱势群体。

的“蚁族”群体。“蚁族”是对“高校毕业生低收入聚居群体”的形象统称[①]。他们主要聚居于城乡结合部或近郊农村，形成独特的“聚居村”。根据有关研究显示，该群体主要聚居于人均月租金377元，人均居住面积不足10平方米的城乡结合部或近郊农村，已经形成了一个个聚居区域——“聚居村”[②]。这一群体的人数到底有多少，没有确切的统计数字。研究表明，仅北京地区保守估计就有10万人以上；此外，上海、武汉、广州、西安等大城市也都大规模存在这一群体。

### （三）中国城市病的三个规律

人口拥挤、交通拥堵、环境污染和住房困难这四类城市病，在四个一线城市中普遍出现，而且没有好转迹象。其他二线、三线城市，近些年来也开始“发病”，有的城市在某类城市病上表现得比一线城市还严重[③]，只是因为其影响小且并非“四病俱全”而不为人瞩目。

如前所述，每类城市病都有多个衡量指标，这些指标间较难加权加总，且由于四类城市病对经济和生活的影响程度不同，个人感觉不同，因此难以对中国大城市的患病程度进行定量描述和综合排序。不过，综合有关指标和社会热点可以认为，中国目前的城市病呈现三个规律：①规模越大的城市，城市病通常越“全面”[④]；②城市病的恶化与城市的人口规模和经济规模增加基本同步（交通拥堵和住房困难尤其典型），越有活力的城市，往往城市病恶化程度越严重；③城市病

① 蚁族的共有特征：受过高等教育，主要从事保险推销、电子器材销售、餐饮服务等低层次、临时性的工作，有的甚至处于失业半失业状态；平均月收入低于2000元，绝大多数没有“三险”和劳动合同；平均年龄集中在22～29岁之间。

② 廉思：《蚁族：大学毕业生聚居村实录》，广西师范大学出版社2009年版。

③ 例如，贵阳市的交通拥堵状况甚于北京，太原市的空气质量恶劣情况也远甚于北京。

④ 例如，我国的北京、上海、广州、深圳这四个所谓“一线城市”（GDP排名前四的城市，也是公认最发达且发达程度相仿的城市），是城市病表现得最全面且总体社会反映最激烈的城市。

严重的城市，在人口方面通常有这样的两个特征：第一是人口快速增长、大进小出。即这些城市的流动人口增加速度非常快（尤其最近10年），且来得多、走得少；第二是人口密度高且变动大，尤其城市中心区人口密度大、昼夜人口密度差距大，职住分离现象严重，相当数量的居民通勤时间较长且还在延长，这在近10年新建的近郊小区中体现得尤为明显[①]。

这样的规律，在从北到南的一线、二线城市普遍存在，这种情况显然不仅有直接成因，更有制度性成因。

### （四）城市病的度量及我国部分大城市城市病综合状况判断

四类主要的城市病，相互之间既存在密切关系，同时又有各自不同的表现形式，而处于不同发展阶段和水平的城市，其四类城市病的呈现状态也有差别，因此，较难用一个普遍认同的综合指标反映城市病的总体状态。

在此，分别针对四类城市病，选取特定指标进行测度，并将指标分为两类，一类是现势指标，代表各类城市病当前的状态；一类是趋势性指标，即可能影响到城市病发展状态的指标（见表2.3）。

由于城市病通常来源于多数居民的普遍感觉，具有主观性，对于各指标值达到什么样的程度可以认定为城市病，也难以给出统一的标准。在此提出以运行较好的大城市的平均情况，作为确定城市病的标准。由于数据限制，各个国际城市的指标难以全面掌握。因此，选取部分国际化大都市的相关指标，与我国部分大城市的指标进行对比，以判断我国大城市的城市病状况。

① 刘志林、张艳、柴彦威，《中国大城市职住分离现象及其特征——以北京市为例》，《城市发展研究》，2009年第9期。

**表 2.3　　　　表征城市病状况的主要指标及解释**

| 城市病类型 | 现势性指标 | 指标解释 | 趋势性指标 | 指标解释 |
|---|---|---|---|---|
| 人口拥挤 | 建成区人口密度 | 城市病状况的最直接指标 | 人均收入水平与区域整体水平比 | 就业和收入水平是吸引人口集聚的关键，一个区域相对收入水平越高，对人口吸引力愈强 |
| | 居住用地人口密度 | 反映真实居住拥挤状态 | | |
| 交通拥堵 | 高峰时期车速 | 反映交通拥堵状况的直接指标 | 恩格尔系数 | 代表汽车进一步增加的可能性 |
| | 平均通勤时间 | | 百人汽车拥有量 | |
| 环境污染 | 优良天气比重 | 其他还可以用各类污染检测指标，在此选用优良天气数量，作为总体定性判断 | 产业结构 | 不同产业结构通常代表不同的污染物来源，例如，二产比重较大的城市，污染可能更为严重 |
| 住房困难 | 房价收入比 | 分别代表家庭购房难度 | 基尼系数 | 系数越高，通常表明住房困难缓解的难度更大 |
| | 人均居住面积 | 数据越小，表明住房困难越突出 | 自有住房比重 | 潜在住房需求 |

据此思路对于综合判断指标，可以采用以下三个步骤设定和计算，首先，采取专家咨询方法，确定各影响因子的权重；其次，在城市各项指标与运行良好的城市（确定为“标准城市”，“标准城市”的各项指标取代表性城市指标的平均值）各项指标对比的情况下（以“标准城市”指标值为1)，赋予各城市相关指标一个无量纲的比值；最后，根据指标权重与比值，计算各城市城市病的判断指标值，并与“标准城市”的值进行比较，值越大，表明城市病越严重。上述城市病判断指标的权重赋值情况如表2.4。另外，现势性指标权重为0.8，趋势性指标权重为0.2。各因子对城市病的影响又可分为正向和负向，负向影响是指该值越高，对应的城市病的程度越轻，例如，自有住房比重越高，表明住房困难程度要小。对于负向指标，取比值的倒数进行计算。

表 2.4　　　　相关指标权重及其对城市病程度的影响

| 城市病类型 | 现势性指标 | 指标权重 | 影响方向 | 趋势性指标 | 指标权重 | 影响方向 |
|---|---|---|---|---|---|---|
| 人口拥挤 | 建成区人口密度 | 0.3 | + | 人均收入水平与区域整体水平比 | 0.4 | + |
| | 居住用地人口密度 | 0.1 | + | | | |
| 交通拥堵 | 高峰时期车速 | 0.15 | - | 恩格尔系数 | 0.1 | + |
| | 平均通勤时间 | 0.1 | + | 百人汽车拥有量 | 0.15 | + |
| 环境污染 | 优良天气比重 | 0.1 | - | 产业结构（二产） | 0.1 | + |
| 住房困难 | 房价收入比 | 0.15 | + | 基尼系数 | 0.15 | + |
| | 人均居住面积 | 0.1 | - | 自有住房比重 | 0.1 | - |

由于部分指标难以获得，在此，首先选取部分影响程度大、又直观的指标进行单指标比较。在各类城市病中，人口集聚情况是最直接的指标，因此，首先选取中心城区人口密度作为量度指标。根据前述以城市建成区标准算，我国几个特大城市的人口密度大致介于东京中心城区和纽约市之间，其中上海最高，达到 1.27 万人/平方公里。如果进一步以上海中心城区（传统意义上的老城区——完全为城市建成区的区，包括黄埔区、卢湾区、徐汇区、长宁区、静安区、普陀区、闸北区、虹口区、杨浦区等 9 个区）作为对比口径，其人口达到 698.6 万，总面积为 289.4 平方公里，人口密度高达 2.42 万人/平方公里；就北京中心城区看，如果仅考虑全部城市化地区，即首都功能核心区（东城和西城区），其面积为 92.4 平方公里，人口为 216.2 万，人口密度高达 2.34 万人/平方公里，相比东京和纽约完全城市化地区 1.45 万/平方公里和 1.05 万/平方公里的密度[①]，要高出许多，纽约市人口密度最大的区——曼哈顿区，虽然面积仅有 59 平方公里，但人口密度则达到 2.78 万人/平方公里。如果选择与上海和北京类似的均为

① 就纽约情况看，5 区之中斯塔滕岛和皇后区人口密度不高，分别约为 3000 人/平方公里和 8000 人/平方公里。

全部建成区范围内的市区的人口密度比较，可选择巴黎市，巴黎市总面积（非巴黎都市区）105.4平方公里，1999年人口为212.5万，人口密度为2.02万人/平方公里。可见，我国大城市中心城区范围内，人口密度甚至超过国际部分城市人口密度。这也导致我国大城市较为严重的城市病。

此外，再选取较为直观的通勤时间作为交通拥堵状况的表征，根据美国人口普查局社区调查数据，美国人上班平均单程花在路上的时间为25.1分钟，其中纽约平均花费34.6分钟，而公交出行比重高达30%以上，也是全美最高的。根据日本某机构一项针对东京都市圈20~50岁男性的通勤时间的调查（该调查样本只有600个），平均单程花费的时间为60分钟，但该都市圈范围面积超过7000平方公里，人口超过3500万。而就国内情况，根据北京大学社会调查研究中心等2010年发布的一项报告，北京市民上下班往返时间全国最长，平均为1.32个小时，单程约为40分钟，上海居民单程通勤时间则约为36分钟。北京和上海通勤时间介于纽约和东京之间，考虑到东京都市圈的范围和人口规模，可以看出，北京和上海的交通拥堵问题要较规模和人口更可比的纽约严重。

进一步选择部分可得指标，计算各城市城市病的综合判断值。标准城市部分指标确定结果如表2.5。

**表2.5　“标准城市”各项指标值粗略估计**

| 城市病类型 | 现势性指标 | 指标值 | 趋势性指标 | 指标值 |
|---|---|---|---|---|
| 人口拥挤 | 建成区人口密度 | 1.5万人/平方公里 | 人均收入水平与区域整体水平比 | 1.5 |
| | 居住用地人口密度 | — | | |
| 交通拥堵 | 高峰时期车速 | 20公里/小时 | 恩格尔系数 | — |
| | 平均通勤时间 | 40分钟 | 百人汽车拥有量 | — |

续表

| 城市病类型 | 现势性指标 | 指标值 | 趋势性指标 | 指标值 |
|---|---|---|---|---|
| 环境污染 | 优良天气比重 | 80% | 产业结构（二产） | 20% |
| 住房困难 | 房价收入比 | 12～15 | 基尼系数 | — |
| | 人均居住面积 | 25～30 平方米 | 自有住房比重 | — |

根据各指标的权重以及东京、纽约、上海、北京等城市的数据，由于趋势性指标难以获得较为全面的数据，因此，只计算现势指标结果。计算得到，东京、纽约、上海、北京的城市病综合判断指标值分别为1.09、1.03、1.31、1.27，表明在四个城市中，上海的城市病最为严重，北京次之，而纽约的状况最好。

### （五）我国各类城市病的发展趋势

我国城镇化率已提高到2011年的51.27%，每年的城镇化率提高都接近一个百分点。“十二五”期间，如果不及时进行有关制度调整，城市病可能由一线城市向二、三线城市蔓延。已有相关研究认为，我国的城市病在今后一个阶段，还可能加重①。我们专门从城市病的角度，以国家的相关规划和研究分析为依据，对四类“城市病”的未来发展趋势进行初步预测。

1. 人口向发达地区的大城市集聚将继续，但可能分布更合理

按过去10年的增速，北京市和上海市的常住人口每20年左右就会翻一番，天津市常住人口的翻番也只需要27年。紧随其后的是中国经济发展的龙头地区广东省和浙江省。虽然上述五个省（市）2000年

① 据上海社科院城市与区域研究中心发布的《国际城市发展报告2012》（蓝皮书）（社科文献出版社2012年版）。其中认为：预计到2020年，中国城市化率将达55%，其间1.5亿中国人将完成从农民到市民的空间、身份转换。“新兴＋转轨＋转型＋快速城市化”使得我国城市病问题更具复杂性、综合性。中国城市的“急症、慢症、并发症”存在共发的可能。未来一段时期，将是城市病的集中暴发期，城市病将成为影响城市和谐稳定的关键隐患，加强城市治理刻不容缓。

的人口只占全国总人口的13.7%，但到2010年，五省（市）人口占全国人口的比重提高到16%。如前所述，未来我国的城市化更多依靠城市群发展方式，大城市人口比重和东部地区城市人口比重进一步提高。依据这个趋势，并结合影响人口流动的直接因素（例如优质就业资源、公共服务资源的高度集中）和我国当前的经济和人口分布状态，可以看出，大城市仍具有进一步吸纳人口的驱动力量和客观条件。按照《全国主体功能区规划》，同时根据区域发展情况，确定长三角、珠三角、京津冀等20余个都市圈作为未来经济和人口集聚的核心区域，分析这些都市圈的经济与人口状况。总体判断是，城市群地区经济和人口进一步集聚，但在区域协调发展战略下，这些区域差距趋向缩小，也就是说在城市群经济高度集聚的现状下，未来人口集聚的速度应快于经济集聚，换言之，这将使城市群地区总体GPR有所下降（表2.6）。

**表2.6　2008年和2020年部分城市群地区人口与GPR值变化**

| 城市群地区 | 人口比重（%） | | 人口比重变化幅度（%） | GPR | |
|---|---|---|---|---|---|
| | 2008年 | 2020年 | | 2008年 | 2020年 |
| 长三角城市群 | 7.10 | 8.37 | 17.93 | 3.00 | 2.59 |
| 珠三角城市群 | 3.76 | 4.14 | 10.09 | 2.42 | 2.24 |
| 京津冀城市群 | 5.09 | 5.63 | 10.71 | 1.62 | 1.50 |
| 海峡西岸城市群 | 2.08 | 2.30 | 10.78 | 1.28 | 1.18 |
| 山东半岛城市群 | 3.06 | 3.50 | 14.21 | 2.02 | 1.81 |
| 辽中南城市群 | 2.07 | 2.31 | 11.55 | 1.83 | 1.67 |
| 全国城市群 | 50.98 | 54.30 | 6.51 | 1.47 | 1.41 |

考虑到对人口流动限制的弱化，人口向经济发达地区的集聚速度有望进一步加快，并且，快于区域经济集聚的速度。例如，2004～2010年，北京市人口占全国的比重由1.15%上升到1.46%，提高

0.31个百分点，而GDP占全国的比重则由3.79%下降到3.47%，下降0.32个百分点。期间，北京市GPR值也由3.3下降到2.4。

人口集聚速度以人口比重变化表示，计算方法为：计算期内，计算期末该区域人口占全国的比重减去计算期初该区域人口比重占全国人口的比重，如北京在2004～2010年期间，该变化量为0.3%，对发达地区而言，该值通常为正值。同理，计算区域经济集聚速度，在放松人口流动管制，并更加强调区域协调发展的政策背景下，发达地区该值一般为负值，例如，2004～2010年，北京地区该值实际为-0.32%。因此，人口集聚速度实际上约为经济集聚速度的两倍①。

据此，以对北京的分析为基础，并结合部分城市群变化情况，假定未来我国主要城市群地区人口集聚速度也可以达到经济集聚速度的两倍。

以北京、上海、广州以及深圳等为核心的京津冀、长三角、珠三角三大城市群人口比重都有所提升，预计到2020年，以京津为代表的京津冀城市群占全国人口的比重将由5%左右上升到约5.5%，长三角城市群人口比重由7.5%左右增加到8%以上，珠三角都市圈地区人口比重由3.8%增加到4.2%；三城市群人口比重提高幅度都超过10%。而总体上看，全国20余个都市圈人口比重预计由51%左右增加到约55%，低于三个核心城市群的人口增长幅度。如果仅以北京、上海情况计算，区域GPR值更是超过3，按照伦敦（包括内伦敦和外伦敦）等城市的情况（GPR值约为1.5），如果北京和上海GPR下降到2以内，区域人口规模仍有可能达到2500万～3000万人，甚至超过3000万。因此，这些最为发达的城市地区、同时也是城市病最为严重的地

① 计算方法：（人口集聚速度-经济集聚速度）/人口集聚速度，即［0.31%-（-0.32%）］/0.31%=2。

区，人口拥挤的程度有可能进一步加剧。

但这种人口聚集并不意味着必将导致人口拥挤——如果在人口集聚的同时，适当扩大并合理布局建成区，就可能出现人口居住密度反而下降的情况。即如果**按照“大集中、小均匀”原则（从广域视角来看，人口进一步向城市群地区集中；从城市化地区内部来看，人口均匀分布，避免集中于大城市的中心区），人口集聚和人口不拥挤可能同时出现**。此外，能否减缓大城市人口集聚的速度，还取决于我国促进大中小城市和小城镇协调发展的力度和推进公共服务均等化、从而避免优质资源向大城市过度集中的态度。

2. 交通拥堵可能加剧

城市的合理规划和布局（包括通过城市多中心发展、产城同步等多种办法实现职住空间的一体化等）、公共交通工具的发展以及合理的组合式交通管理措施（如机动车限行、限购以及中心区高额停车费或拥堵费等）[①]，理论上可以缓解交通拥堵状况。但大城市人口集聚在短期内趋势难改；私家车购置热潮在目前这个发展阶段很难降温；大城市内部推进公共服务均等化的力度仍显不足，优质就业资源、公共服务资源在整个城市行政区范围内的均匀配置还需很长的时间才可能实现。这些，都使得交通拥堵状况难以在短期内显著好转，并有可能使交通拥堵进一步加剧。

以北京为例，未来可能存在如下趋势：第一，人口增加和强劲的汽车需求趋势难改。按照现有人口增长速度，到2020年，北京市人口有可能达到甚至超过2500万，人口增长达到甚至超过30%。即使按

---

① 近10年来，北京市交通委员会曾提出并与相关部门共同实施了应对交通拥堵的十大措施，包括“给公交车设置专用封闭车道”、“引导和限制私车使用”、“城区中心停车要高收费”、“加强城市次干道和支路建设”等，但似乎都没有取得理想的效果。

照现有每百户私人汽车拥有60辆的标准计算，并考虑现行的汽车限购政策，新增汽车数量仍然可能达到百万辆。相比现有500万辆的汽车保有量，增长率超过20%。第二，虽然公共交通发展速度较快，但总体上仍显不足。根据相关规划，到2015年，北京市地铁运营里程预计达到561公里，到2020年，有望达到1000公里，相比现有运营线路372公里有了较大幅度增加，但即使如此，轨道交通线网密度在2015年和2020年才达到约每平方公里0.63公里和1公里，相比人口资源环境条件相似的东京每平方公里1.2~1.3公里的水平，还有一定差距。第三，北京市的新规划强调，要通过公共服务资源和就业机会向新城的疏解，带动人口向城市功能拓展区和功能新区迁移，但自2004年实施到现在，总体上成效不彰。从北京市第六次人口普查有关人户分离的数据可以推测，就业机会仍较高度地集中在中心区。人户分离人口的总体情况大致是人口的居住地在外围区域，但工作地则以在中心城区为主。从表面上看，这样的情况实现了中心城区人口的外迁，但却增加了通勤需求①。

总之，由于人流和车流的集中难以避免，并且中心城区就业疏解的力度不足，因此，虽然有效的管理手段可以缓解交通拥堵，但总体上大致还将存在两种现象：第一，除了组合式交通管理措施，其他的解决手段都非一日之功，且需要大量财政投入，加之城市多中心发展等在有些城市还未形成共识，因此何时明显见效难以预测；第二，一线城市的人流和车流的增速有可能超过舒解交通拥堵措施的效果，因

---

① 从分析数据上看，2010年，北京城市发展新区和城市功能拓展区人口比重分别比2000年人口普查时上升了5.7个和1.6个百分点，首都功能核心区和生态涵养发展区人口比重分别下降了4.6个和2.7个百分点。但全市人户分离人口达到345.4万，其中，跨区县的达到182.8万，相比2000年的不足20万人，增长了8倍，这部分人口以居住在功能拓展区和新区为主。

此近期（“十二五”期间）还可能出现交通拥堵状况加剧的局面。

3. 环境状况有望逐步好转

随着我国经济结构的战略性调整以及对环境污染治理力度的加大，特别是由于一线城市财力充裕，除了在经济结构调整上下功夫外，还可以在环境污染治理上从污染源、污染物集聚状态和用新的处理方式补欠账三方面着力，从而有望使得环境状况好转。

首先，从宏观的经济发展阶段和经济结构调整的方向看，我国已进入工业化中后期阶段，经济社会发展开始进入以工业化推动为主向城市化推动为主转变的时期，消费有望成为经济发展的主要动力。产业结构调整将深入推进，以工业为主的第二产业比重将有所下降，以服务业为主的第三产业比重则会显著提升。根据“十二五”规划，未来五年我国服务业增加值占国内生产总值比重将提高4个百分点。而在我国能源消耗中，工业占70%～80%，因此，工业比重的下降，将使得能耗显著下降，从而有效减少污染源。就我国大城市的情况看，北京、上海等第三产业比重与国际大都市相比，仍然偏小，特别是上海市，第三产业比重约为60%，而纽约、伦敦、东京等国际化大都市三产比重都超过80%。因此，我国大城市仍有较大的提升发展空间。根据北京市的《“十二五”规划纲要》，到2015年，北京第三产业比重将达到78%。三产比重的提升和二产比重的下降，同时，相关节能减排措施的实施等，将使污染物排放总量有较为显著的下降。

其次，污染治理将受到进一步的重视，节能环保技术的普遍采用，也将使单位产值能耗降低。从全国的情况看，根据“十二五”规划，预计到2015年，我国单位国内生产总值能源消耗降低16%，单位国内生产总值二氧化碳排放降低17%；主要污染物排放总量都将显著减少，化学需氧量、二氧化硫排放分别减少8%，氨氮、氮氧化物排放分别减少10%。而就一些大城市的规划目标看，生态环境改善和污染治理也被放在突出位置，北京市提出在关键污染物控制和主要能耗标准上，都要达到发达国家水平。

此外，对环境污染的重视还体现在污染源控制的广度方面，例如，将PM2.5等纳入控制范围，加大垃圾焚烧处理的力度，在控制增量的同时弥补欠账——北京市提出生活垃圾零增长的目标，通过新增垃圾处理场站建设，将原有的垃圾堆也焚烧处理，逐步消解生活垃圾造成的污染。当然，无论是垃圾处理的技术改进，还是存量垃圾的处理方面，都需要巨大投入，一线城市有条件开展这些工作；并且由于一线城市普遍进入工业化后期，有条件通过产业结构调整来控制污染源。但其他大城市能否效仿，则取决于财力状况以及城市功能定位。

4. 住房困难逐步得到改善，但农民工群体仍然比较困难

从"十一五"末期开始，各级政府日益重视保障性住房工作，显著加大了这方面的工作力度。例如，中央提出了在2011年实现对城市户籍人口中的住房困难群体应保尽保的目标（通过实物配给、货币补贴等方式），尔后又提出了"十二五"期间建设3600万套保障性住房的目标。而且，大城市未来调整产业结构、促进均衡化布局、加快保障房建设以及有关加快推进土地制度改革的措施，有助于从几个方面缓解一线城市住房困难问题：第一，随着产业结构调整和升级，二产比重将进一步下降，三产也呈现出向高端化发展的态势，因此，以农民工为主体的流动人口结构可能发生变化，低端产业调整转移产生对农民工的挤出效应，这一方面从整体上提升了大城市人口的收入水平，相对提高了大城市人口对住房价格的承受能力；同时，由于产业结构调整后，工业用地比重下降，能够腾退出部分用地，用于支持城市基础设施建设和住房建设，增加住房供应量，例如，如果上海市城市建

成区工业用地比重下降到国际大城市的平均水平，则可能腾退出超过150平方公里左右的建设用地。第二，大城市如果实现多中心均衡化布局，就可能降低中心区人口密度，流动人口在非中心区租买住房的相对成本会降低，这使其解决住房困难更为容易。第三，我国提出建立城乡建设用地统一市场的目标，农村集体经营性用地与国有土地“同地、同权、同价”有望缓解城市建成区内工业用地比重扩张迅速、比重较大的情况；而农村宅基地使用制度也在进行改革，特别是发达地区，宅基地使用上有去福利化、从而提高整体利用效率的倾向，例如，上海市开始探索在农村集体土地建设公租房，这些探索也有望为妥善解决小产权房问题提供经验。总之，通过土地使用制度改革探索，逐步打破按照土地所有制进行管理的模式，有望使住宅供应有效增加，从而缓解住房困难问题。

不过，由于大城市吸引人口集聚的优势资源仍然存在，加之最近10年消费结构升级，使大城市内刚性自住型、改善型、投资型住房需求叠加，加之城市人口急剧膨胀与城市土地资源供应日趋紧张的矛盾也还没有得到明显缓解，同时，还受文化心理因素的影响，势必导致房价居高不下。这样，结构性住房困难仍将存在。特别是北京、上海、深圳、广州等大城市和一线城市更为明显。例如，按照《北京市土地利用总体规划（2006～2020）》，到2020年，北京城乡建设用地总规模控制在2700平方公里，相比2005年增加不足300平方公里；15年间建设用地仅增加12.5%；而从人口增长情况，仅从2005～2010年，北京人口就从1538万增长到1961万，增加27.5%，就目前看，人口向北京进一步集中的趋势仍然没有停止的迹象。因此，这种土地资源供给与居民居住需求之间的矛盾在人口快速增长停止前，难以整体改观。

在进行这种预测的同时，必须注意到，城市病的这种发展趋势在很大程度上受到政策和制度影响，如果政策得当、制度调整到位，城市病的好转就会快得多。因此，严谨地看，只有研究清楚城市病的直接成因和制度成因，才可能真正把握住城市病的发展趋势。

## 二、我国各类城市病的直接成因

四类城市病的发生并蔓延，应该说在所难免。但这不能仅仅归咎于城市化必然带来的人流、物流的集聚和我国城市化的大规模、跨越式发展，从城市建设和管理的角度，可以发现这四类城市病都有清晰易见的直接成因。当然，这些成因与城市病之间并非一一对应关系，而是多因多果的。

四类城市病的形成和恶化，都有其直接成因。可以从三方面概括直接成因。

（1）**首要的且可以作为充分条件的直接成因是大城市的人流、物流过度集聚于中心城区。**这种集聚的“过度”包括两方面：第一，从客观情况来看，大城市的功能在行政力量的支持下过于集中，且经济功能被城市政府置于过于重要的位置。这种情况下，大城市更易集中优质资源（就业和公共服务优质资源过于集中），城市发展条件更好，对应地，其居民（包括城市中的流动人口）的个人发展条件也更好，因此，客观和主观的选择都使大城市相对中小城市发展速度更快、集聚人口的速度更快，且这种人口集聚是行政调控措施难以阻止的（具体分析可参看本书附件四中的详尽理论分析）。这种可能超过城市社会管理和公共服务能力的人口集中也带动了物流（包括车流）和污染物的集中，交通拥堵和环境污染在所难免，还显著加大了住房改善的难度。第二，我国有许多大城市的规划和建设还出现了偏颇：单中心布局、“摊大饼”式发展，优质资源过分集中于中心城区。而且，卫星城和郊县发展中就业岗位增长滞后于城市发展，没有形成城市副中心或功能完整的生产生活组团，难以将人群的生产生活基本固定在某个组团内，造成职住分离现象严重、中心城区与居住区之间通勤交通量过大[①]。这样，本来就极为庞大的人口流动集中于中心区，并在中心区与郊区的居住区之间时间集中地大进大出。这种情况下，无论采用何种方式、何种水平的城市管理都难以避免人口拥挤、交通拥堵[②]和环境污染[③]。

（2）**直接成因是地方政府在发展中有要人手不要人口的倾向**，且在我国现有土地资源约束下，由于建设用地总量受到严格控制，在各地以地招商的竞争策略下，导致工业用地比重过高，**而在城市发展规划中将建成区中居住用地比重压低**。但我国的特点是以农民工为主体的流动人口是大城市人口增长主力，且有大量城市低收入户籍人口仍未满足体面住房的需求，这种情况显然显著加大了住房困难的程度。

（3）**大城市的管理水平不高**，相关领域的规划和管理缺少预见性，很多方面没有实现科学决策、精细化管理和联动管理，这使这些年来防治城市病的措施大打折扣。例如，北京市的流动人口数量、结构和分布多年缺少准确数据，这使北京市的发展规划在人口控制、基

① 宋晋平、王恩如、张文新、彭萍：《北京住宅郊区化与就业空间错位》，《地理学报》，2007 年第 4 期。

② 在居住区与中心区之间的过大通勤量，使交通拥堵通常呈现为上下班时间段的潮汐式交通拥堵。

③ 尽管我国的特大城市通过“腾笼换鸟”等措施逐渐将二产布局郊区化，但人流、物流的高度聚集和城市正处于大发展阶段这两个特点仍使得有些污染在所难免（如建筑工地扬尘、取暖设备排放污染物和机动车尾气等）。

础设施建设等方面总是计划赶不上变化，人口拥挤、环境污染等方面的控制措施总是力度不够，相关基础设施建设也不能满足实际需要；又如，北京市控制人口的措施与产业政策的联动不够，限制外地人就业的违法措施曾经出台很多①，但在产业发展规划中"以业控人"的考虑在"十一五"规划之前基本没有。

这三方面直接成因，共同导致了我国的城市病快速蔓延并在一线城市久治不愈。但在这些直接成因中，可以发现除了管理水平方面的成因，其他成因是由更深层的制度成因导致的——即城市地方政府采取的诸多不合理的做法，是相关体制机制下作为执政者的理性选择。由这些制度成因导致的城市病，即便在目前的行政资源投入水平和管理水平下，通过完善相关体制机制，就可以得到缓解。因此，研究城市病的制度成因并据此提出对策具有重要的现实意义。

本章初稿执笔人：苏　杨　王大伟　刘　洁

① 北京"习惯"以行政手段调控人口规模，包括控制就业。仅1995年一年，北京市就集中制定了针对外来人口的11项法规和规章。按照这些规定，外来人口的居住、生活和就业受到全方位的监控，在京就业的成本大大增加。一个外地人在北京合法就业，至少需要身份证、暂住证、就业证、营业执照、婚育证、家庭服务员证等有效证件；其后近10年，北京市政府对于外来人口在北京的就业采取的明显是"限制——歧视性"政策：①对外来人口实行总量控制，优先保证北京市失业下岗人员的就业。《北京市外地来京务工经商人员管理条例》（1995）和《北京市外地来京人员务工管理规定》（1995）等都有详细规定。②限制外地人就业的行业和工种。1995年以来，北京市劳动部门将外地人从事的行业和工种分为允许使用、限制使用和调剂使用三种类型。其中，限制使用外地人的行业和工种不断扩大。在《2000年本市允许和限制使用外地人员的行业、工种范围》中，限制行业由34个增加到103个。③限制用人单位使用外地工。《关于用人单位招用外地务工人员有关问题的通知》（京劳就发［1996］74号）指出，为保障"再就业工程"的顺利实施，用人单位招用外地人员应严格坚持"先城镇、后农村，先本市、后外地"的原则。下岗待工人员较为集中的系统，要严格控制外地务工人员的使用数量。2005年3月，因违反《行政许可法》，实施近10年的《北京市外地来京务工经商人员管理条例》才被废止。另外，北京还经常性地采用运动式手段清退外来人口。北京是首都，是政治中心，所以，保证首都的稳定和保障重大活动的安全实际上就成了随意清退外地人员的合理借口。

第三章

# 我国城市病的制度成因分析

我国的城市发展受到许多体制性因素的影响，这些体制性因素形成了我国城市发展特殊的动力机制。因此，我国的城市病除了拥有与其他国家的城市病相同的成因之外，还具有许多我国特有的体制性成因。关于城市病的直接成因及其破解对策已不乏各种角度的研究（参见本书附件四），但就我国独特的体制机制成因及其破解之策的研究遍览无踪。因此，本章重点关注城市病的制度成因，力图通过对这些体制机制成因的深入分析来寻找解决我国城市病的治本之策。

考虑到体制机制成因与城市病的关系虽然是根本性的，但常常是间接的，因此这方面的研究需要首先明晰体制机制与城市病直接成因的关系：**主要从城市病的首要直接成因——大城市的人流、物流过度集聚于中心城区出发，可以发现这种现象的背后与干部选拔机制和政绩考核制度、财税体制、土地管理制度、规划体制机制、上下级政府关系等制度有密切关系**（参见图 3.1）。以下就分别对这些方面的制度与城市病的关系展开分析。

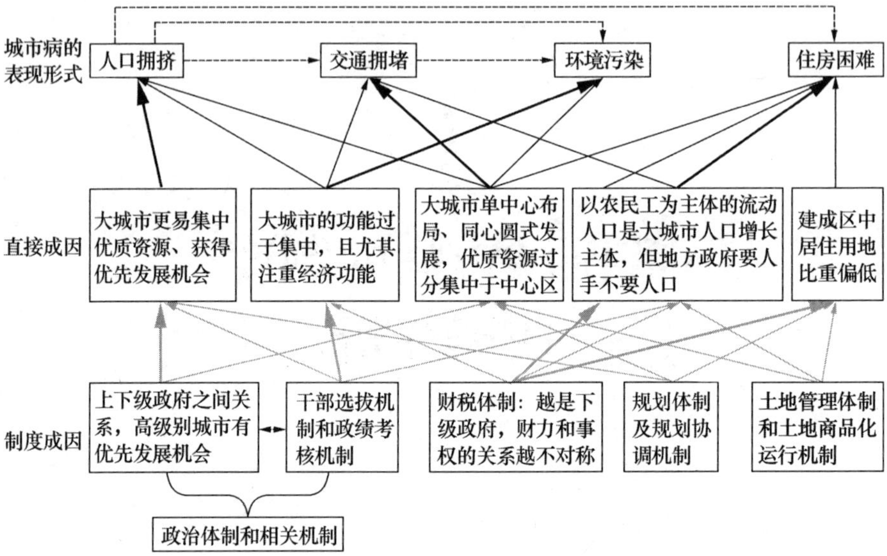


**图 3.1　制度成因与问题的对应关系**

注：黑线表示直接成因，灰线表示制度成因，点线表示城市病之间的相关性。线条越粗，说明其越是主要因素。另外，上下级政府之间关系、干部选拔机制和政绩考核机制属于政治体制范畴，属于中国特色明显的制度。

# 一、从干部选拔机制和政绩考核体系角度的分析

1986 年 1 月，《中共中央关于严格按照党的原则选拔任用干部的通知》中规定的选拔干部的程序为：民主推荐，广泛听取意见，提出选拔对象；组织人事部门考察，党委集体讨论决定后按干部管理权限上报；上级组织部门进一步考察，然后提交党委讨论审批。此后，虽经 1995 年《党政领导干部选拔任用工作暂行条例》、2002 年《党政领导干部选拔任用工作条例》、2004 年《中共中央关于加强党的执政能力建设的决定》等条例和文件的完善，但主要领导提名、组织部门考察和党委讨论始终都是关键的程序，本质上属于自上而下的行政任命

制。同时，对于领导干部的政绩考核，是选拔任用干部的重要依据。因此，政绩考核体系对于地方领导干部的行为取向具有重要的导向作用。

1979 年，中共中央组织部正式提出了考绩的概念。1988 年和 1995 年，中共中央组织部先后下发了县级党政领导班子年度考核和工作实绩考核两个文件。此后，各地对政绩考核进行了积极的探索，政绩考核作为一项制度得到大范围的普及。现在，各级党委、政府都有目标考核办公室实施对下级党委、政府的年度工作目标考核，各级组织部门每年进行干部年度考核①。

但是，随着政绩考核的普及，以及由此产生的对政府官员乃至地方政府行为方式的重要导向作用，政绩考核体系本身的不够科学合理所带来的负面效应开始受到越来越多的关注。对于政绩考核体系的批评主要包括：考核指标不够全面系统，过于强调经济指标、特别是经济总量和增长指标的考核，忽视社会发展、可持续发展和人的全面发展指标的考核；政绩认定不够准确，对显绩与潜绩、真绩与假绩的认定比较困难，难以区分班子政绩和个人政绩，不能对取得政绩的过程和环境进行客观的分析；考核办法不够科学，缺乏相应的法律和制度作为保障，考核程序没有规范化，定量考核和定性考核不能有机结合起来，考核存在一定盲目性；等等。

这种偏重于经济指标的政绩考核制度给城市发展也带来了明显的影响，成为加重城市病的一个底层原因。这个制度成因与城市病的直接成因之间的关系如下。

一是导致城市功能的过度集中。在那些各项功能（诸如政治中

---

① 中共四川省委组织部课题组，《领导干部政绩考核指标体系及评价办法》，《中共四川省委党校学报》，2004 年第 3 期。

心、经济中心、文化中心、金融中心、信息中心、航运中心、交通枢纽等）原本已经高度集中的特大城市，城市政府为了追求经济指标的增长，仍然大力鼓励产业功能的集聚，积极吸引大型项目的落户，拒绝产业功能的向外转移，结果导致城市资源环境和基础设施的不堪重负。例如北京，虽然1982年的《北京城市建设总体规划方案》中已经确定城市性质是“全国的政治中心和文化中心”，不再提“经济中心”和“现代化工业基地”，但在之后的实际工作中仍然强调“以经济建设为中心”，也一再试图将“经济中心”写入城市定位；在首都第二机场的选址论证工作中，北京市相关部门仍然极力反对在北京行政区划之外选址的方案。再如上海，在中心区制造业向外转移的过程中，想尽各种办法使“肥水不流外人田”，希望这些产业能够全部留在郊区区县并得到进一步的发展。

二是导致城市政府“亲商”有余而亲民不足，公共利益往往让位于商业利益。为了追求尽快的经济增长，许多城市政府都将有实力的企业家、开发商奉为座上宾，提出了“爱商、重商、亲商、安商、护商”等口号和政策。在城市房地产开发领域，开发商拿到地块后的第一件事就是到政府公关以便修改规划、提高容积率，而且经常如愿以偿。其结果，城市规划的权威性被轻易破坏，超出规划强度的商业地产开发导致周边的基础设施容量不足，成为引发城市病的重要原因。

## 二、从财税体制角度的分析

我国目前的财税体制，从作用于城市政府行为方式的角度看，主要有以下三个方面的特征。

一是事权与财力不相匹配的、“集权分散型”的中央地方财政关系。“集权分散型”是日本著名经济学家神野直彦对日本的中央地方财政关系的概括。所谓“集权”，指的是中央财政集中了大部分的财政收入；所谓“分散”，指的是地方政府承担了大部分的支出责任。我国1994年实施的分税制改革，实行了有利于中央财政的税种划分和税收分享比例，但却始终没有划清各级政府的事权和财政支出责任。其结果形成了一种权力主导型的财税体制，财权上收、事权下放。1994～2005年期间，中央财政收入占全国财政总收入的比重平均为52%，地方各级政府平均为48%，而同期中央所承担的事权平均在30%左右，地方则达到70%左右①。2010年，中央财政收入占全国财政总收入的比重为50.1%，地方财政支出占全国财政支出的比重为82.2%。

二是以企业相关税收作为主要收入来源的税制结构。2010年，全国财政收入83080亿元，其中国内增值税21092亿元，企业所得税12843亿元，营业税11158亿元，三项合计45093亿元，占全部财政收入的比重达到54.3%。按照国家税务总局口径的统计，在全部税收收入中，来自各类企业缴纳的税收收入占比为91.5%，除此之外的居民缴纳的税收收入占比只有8.5%②。从税收归属看，营业税是地方税（不含铁道部门、各银行总行、各保险总公司集中缴纳的营业税），企业所得税按企业隶属关系分别归属中央和地方，增值税是中央与地方的共享税，其中的25%归地方。由此可以看出，来自企业的税收是地方财政税收收入最重要的来源。

① 朱诗柱：《我国经济社会发展深层矛盾的财税体制根源探析》，《中共中央党校学报》，2007年第2期。

② 高培勇：《结构性减税要对接税制改革方向》，《中国财经报》，2011年12月26日。

三是过度依赖于“土地财政”的地方财政收入结构。国土资源部公布的数据显示，2009年，全国土地出让金收入达到15910亿元，相当于地方一般预算收入的48.8%。此外，地方财政税收收入中还有契税、房产税、土地增值税、城镇土地使用税等与房地产有关的税收，这些税收与土地出让金共同构成了“土地财政”。根据全国工商联房地产商会2008年进行的一项调查，在上海、北京、广州3个城市，房地产开发项目收益流向政府的份额分别为64.5%、48.3%、46.9%①。国务院发展研究中心的相关研究还表明，设立融资平台以土地为抵押进行融资已经成为各地城市政府的普遍做法，如果加上债务性收入，“土地财政”占地方政府可支配财力的比重甚至超过60%。

财税体制的这三个方面的特征，从以下方面引发或加重了城市病的直接成因。

首先是地方政府事权与财力的不相匹配，使得城市政府千方百计地寻求税收以外的收入来源，“城市经营”大行其道，城市中的集聚被不当强化。从时间上看，“城市经营”兴起于20世纪90年代后期，恰好是1994年分税制改革之后，也是我国土地市场初步建立之后。从“城市经营”的内涵上看，主要包括通过土地出让获取收益、拍卖转让城市公共设施的特许经营权、出售政府拥有的办公楼等固定资产、以BOT等方式吸引民间资本进入基础设施建设与运营领域等方面，其中又以征收农地后拍卖出让获取巨额收益为核心。由此引发圈地卖地热、强征强拆损害农民利益、市政公共服务商业化损害市民利益等多方面的问题。另外，在城市的危旧房改造工作中，片面强调项目资金的自我平衡甚至追求盈利，导致高强度的地产开发进一步向老城区聚

---

① 李保春：《我国土地财政现象若干思考》，《财政研究》，2010年第7期。

集，使得人口和经济活动更加密集，城市的基础设施更加不堪重负。

其次是以企业相关税收作为主要收入来源的税制结构，使得地方政府为了扩大税源而千方百计地招商引资，城市政府也不例外。由于企业相关税收中的大头是增值税，而增值税的主要来源是制造业企业，使得大城市也不顾自身资源环境以及基础设施能力等条件，大力促进制造业项目的落户和发展。这种机制与偏重经济增长指标的政绩考核制度共同作用，导致城市功能的过度集中和城市政府的“亲商”重于亲民，而对解决农民工融入城市问题缺少动力。

再次是过度依赖于“土地财政”的地方财政收入结构，使得城市政府一来为了获取土地出让金收入而热衷于圈地卖地，二来为了使卖地收益最大化而想方设法人为推高地价，三来为了获取尽可能多的房地产相关税费收入而对房价的高涨听之任之、乐见其成，对于执行中央的房地产调控政策则采取消极敷衍的态度。这在客观上成为大城市住房价格不断上涨、房地产调控政策难以收效的一个重要原因。

## 三、从土地管理制度角度的分析

我国目前的土地管理制度，从对城市发展具有重大影响的角度看，主要具有以下四个方面的特征。

一是城乡二元的土地公有制。我国实行的是土地公有制，但城市土地与农村土地的产权主体不同。城市土地为国家所有，农村土地为农民集体所有。国家拥有对土地资源的绝对支配权，国家规定和管制城乡土地的用途。除农村集体建设用地之外，建设用地只能使用国有土地。集体不可购买国有土地，国家可以强制征收集体土地。

二是农村集体土地的产权不完整。在现行的法律框架下，农民集体所拥有的农村土地产权是不完整的。集体经济组织只有土地占有权、使用权、收益权，而没有完全的处分权，农村集体土地只能通过国家的征收才能改变所有权主体和所有权性质。

三是土地市场由城市政府垄断经营。这主要包括两层含义：首先，供应的只能是城市土地，而非一切土地；其次，土地供应方只能是所有权主体或其代理人，其他任何部门、单位、个人不得实施土地供应行为。城市土地根据来源渠道不同，可以分为“存量”和“增量”两部分。“增量”，即当年新开发转为城市用地的数量，来源于对农村集体土地的征收；“存量”，即现有城市各类用地的数量。

四是国家实行严格的耕地保护制度和土地利用规划管制制度。国家规定了耕地保护的红线，《全国土地利用总体规划纲要（2006～2020年）》提出了到2020年全国耕地面积保持在18.05亿亩的目标。同时规定：“依据土地利用总体规划、国民经济与社会发展规划和国家宏观调控要求，编制和实施土地利用五年近期规划，明确各项用地规模、布局和时序安排……土地利用总体规划一经批准，具有法定效力，任何单位和个人不得违反。各级人民政府批准、核准各类建设项目，必须符合土地利用总体规划。”

我国现行土地制度的上述特征中的前三个特征，为城市政府圈地卖地、实行“土地财政”创造了便利的条件。同时，也使城市政府可以方便地采用“饥饿”方法限量供应土地，人为制造卖方市场，致使地价飙升，从而实现土地增值收益最大化的重要制度基础。而且，城市政府既是城市土地的所有者，又是城市土地的管理者和经营者，导致土地资源配置中非市场化因素过多，尤其是行政干预以及权力寻租现象普遍，导致城市发展方向的随意性和不确定性较大，加剧了内部空间结构的复杂化和碎片化，以及公共服务的供给不均衡和用地结构的不合理。

另外，现行土地制度对于城市政府扩大拆迁规模、搞大拆大建也具有激励作用。扩大拆迁规模，一方面可以获得优等区位土地的级差地租，另一方面可以制造被动需求，提升二手房和城市周边区域低等价位住宅的价格，使房地产热进一步升温。而且，由于主要拆迁对象一般位于老城区，大拆大建趋向于导致老城区的人口和产业活动的进一步聚集，加剧城市的交通拥堵等城市病。

## 四、从规划体制机制角度的分析

目前，在我国属于空间规划范畴或包含空间规划内容的规划主要有：国民经济和社会发展规划（综合性规划）、主体功能区规划、区域发展规划、城乡规划、土地利用规划等专项规划。其中，与城市发展关系最为密切的规划是城乡规划和土地利用规划。但就目前情况来看，城乡规划和土地利用规划在体制和机制上都存在着以下不足，规划作为引导城市科学发展的手段还远远不能满足要求。

一是规划本身的科学性不足、也缺乏前瞻性。特别是城市政府组织编制的规划这一问题尤为突出。首先，从各类规划之间的关系看，国民经济和社会发展规划拥有上位规划的地位，城乡规划和土地利用规划的制定，都必须以国民经济和社会发展规划为依据，但各地方行政层级的国民经济和社会发展规划是由同级人民政府制定并由同级人大批准实施的。因此，地方政府存在着在国民经济和社会发展规划中尽量把相关指标做大，然后再以此为依据制定符合地方政府意愿的城乡规划和土地利用规划的可能。其次，“规划规划，不如领导的一句话”，规划的决策权高度集中。权力的高度集中容易引发越级决策、责权不对称、言路堵塞、信息无法及时传递和反馈等一系列问题，对规划的科学性造成严重的伤害。再次，在地方政府付费聘请专业规划机构编制规划的体制下，专业规划机构的客观中立性很难保证，“为付费者代言”成为最为普遍的现实。另外，各地在进行城市规划时，对大城市多中心发展的重要性认识不足，对城市人口承载力和人口增长速度预测不准，对相关基础设施建设规模的“提前量”放得不够，使得城市病常常在城市发展最快的区域表现得最严重。最后，规划的时效性有待改善。以城市规划为例，《城乡规划法》规定，省、自治区人民政府所在地的城市以及国务院确定的城市的总体规划，由省、自治区人民政府审查同意后，报国务院审批。但这一审批过程往往旷日持久，经常是等到审批下来时已经需要制定新一轮规划了。这种情况在客观上也损害了规划的权威性。

二是规划的公众参与机制和使用机制存在不足。首先，城市规划的规划过程缺乏公众参与。城市规划一经公布实施，就成为政府意志，带有强制性，对各利益相关方的利益产生重大影响。因此，发达国家的城市规划理论非常重视规划过程中的公众参与，将其视为各利益相关方充分博弈并达成妥协的过程，认为这样制定出来的规划具有较高的认可度，也容易得到较好的执行。但我国目前的城市规划还普遍缺乏公众参与的过程，一般的做法是市政府将规划业务委托给城市规划部门下属的城市规划设计研究院或者大学、科研机构，并以各种方式保证城市主要领导的规划意图得以充分体现。而且，由于公众对于规划缺乏认知，也就难以对规划的实施进行监督，使得违反规划、随意修改规划的行为难以受到制约。其次，规划缺乏权威性。规划被随意修改的现象比较普遍，很多地方“换一届领导就改一轮规划”。据调查，东部沿海一些城市的1997～2010年的土地利用总体规划布局调整率多在20%以上，有的高达80%～90%。再次，对于违反规划的开发行为处罚力度太弱，起不到震慑违法的作用。甚至许多违法行为是在地方领导默许之下进行的，规划的权威性就更加无从谈起。

由于规划体制机制这些方面的不足，规划不仅没能够成为限制权力的滥用、保障城市沿着科学理性的轨道发展的制度工具，相反却成为可以被权力所随意利用的工具，许多追求政绩、片面追求经济增长、圈地卖地、追求财政收入最大化的举措，都借规划之手而堂皇问世。而且，并由此而成为助长城市病产生和恶化的重要原因。

## 五、从上下级政府关系角度的分析

大城市的上下级政府关系在很多方面影响制度设计与实施，对一线城市来说，这种关系常常表现为中央地方关系。由于在财税体制的部分已经对中央地方之间的经济关系进行了论述，以下集中对中央地方之间的政治关系进行论述。

我国《宪法》（1982年）第三条规定，“中华人民共和国的国家机构实行民主集中制的原则”，即中央和地方的国家机构职权的划分，遵循在中央的统一领导下，充分发挥地方的主动性、积极性的原则。《宪法》第八十九条规定中央政府即国务院的职权之一是“统一领导全国地方各级国家行政机关的工作，规定中央和省、自治区、直辖市的国家行政机关的职权的具体划分”。由此已经可以初步作出判断，我国的中央地方政治关系是单一制，即权力和权威合法地集中于中央机构，具体的权力和责任可授权给地方政府和部门，但被授予的权力受到中央政府的监督，并且可以撤销这些授权。而且，在“党的一元化领导”、“党管干部”、“下级服从上级，全党服从中央”等现行政治生活准则的作用之下，中央对地方的政治权威更加得以强化。

中共中央组织部在1999年6月颁发了《干部交流规定》，在地方领导选拔上实行非本地原则和定期调换制度。关于省级领导的具体规定是应更加频繁地调到另一个省或调到中央政府部门任职。现行领导班子的构成模式是，作为正职的省委书记和省长从别的省或中央部委调来，而副职则主要出自本省。在实行中国传统上的回避原则的同时，中央对省级正职领导的任期也有严格的控制，20世纪90年代后期以来地方领导的任期越来越短，更替越来越快。总体上看，自20世纪90年代后期以来，中央政府对地方政府的省级核心领导干部的管理大大加强了。在经济转型过程中，控制地方核心领导干部成为中央约束地方政府行为的一种主要手段，也是政治单一制的核心特征①。

这样一种中央政府对地方政府在政治上保有强大控制力的体制特征，其对于城市发展所产生的影响在首都北京有突出的表现。一是给城市基础设施增添了额外的负荷。由于中央政府掌握了大量行政审批权、资源配置权，地方政府的“跑部钱进”成为常态化的需求。这种需求造就了“驻京办现象”②，相当一部分写字楼、宾馆、车辆和人员直接或间接地服务于地方政府的“跑部”行为，加大了对城市基础设

① 杨光斌：《我国现行中央与地方关系下的社会公正问题与治理》，《社会科学研究》，2007年第3期。

② 据媒体报道：经有关部门批准设立的驻京办事处、联络处合计为650家，常驻工作人员近万人，固定资产超过100亿元人民币。至于未经批准的企业和地方政府，甚至地方政府某个部门在北京设立的办事处、联络处有多少，谁也没有作过统计，但据一位管理机构的权威人士估算，这种机构的数字多达几千家。摘自网易：《综述：中国独有的“驻京办”现象》，2005年12月5日。

施等各类资源的压力。二是给城市的规划管理造成“真空地带”。对于中央政府各部以及军队各部门的建设行为，北京市政府的规划管理很难起到有效的规制和引导作用，经常只能听之任之，一些违反城市规划要求的建设项目由此而问世。[①] 同时，有大量来自中央政府和军队各部门的“特权车”游离于城市交通管理之外，使城市的正常交通秩序受到干扰。三是北京市政府在城市的运营管理等相关资源配置上，以保障中央政府的工作运行为第一要务，赋予其压倒一切的优先地位。这样就难免造成直接服务于城市居民的资源在局部地区、个别时段的不足。以交通管制为例，根据媒体报道，北京市平均每天要发生 26 次腾空车道的交通管制[②]，给城市道路交通带来更大的压力。

上述这些不足虽然在北京体现得最为明显，但在省会城市中也有不同程度的表现。而且，这方面的不足会体现在多方面的制度设计及实施中，因此对其的调整常常是相关体制机制改革的抓手。

最后，还需要说明的是，这五方面体制机制的不足，在现实中可能分别作用形成城市病的直接成因，也可能多因汇于一果（如图 3.1 所示）。例如，财税、土地管理、政绩考核制度等方面的不足，会形成“人口增多地方无利”的局面，地方政府的理性选择只能是“要人手不要人口”，这就显著加重了“住房困难”这种城市病。这种情况也使城市病的“病理”更为复杂，“处方”只能着眼于治本。

本章执笔人：林家彬

① 例如，北京市中心城区的建设用地，约六成是中央单位用地，难以被北京的规划控制（仅举一例：地处东单的卫生部直属的协和医院就地扩建，这必然形成额外的人流和车流负担。但北京市无力加以阻止）。

② 《细说交通管制“重要活动的安全要万无一失”》，《南方周末》，2012 年 2 月 23 日第 9 版。

第四章

# 缓解城市病的国际经验及其借鉴

城市病在发达国家或发展较快的发展中国家先期完成的城市化中先有表现，因此其治理的经验尤其是体制机制角度的治理经验无疑具有前车之效。本章就是力图总结若干国家及国内的某些城市在防治四类城市病方面的经验，以为我们后面提出的对策提供借鉴。

## 一、城市化进程中的“大城市”趋势及其与城市病关系

1800～1950年，全球城镇化率从3%增加到20.8%，城市化进程总体上比较平缓。1950年以后，世界城市化进程明显加快，1950～2000年，全球城镇人口从7.5亿增加到28.6亿，占全球总人口的47.2%。2007年，城市人口超过总人口的一半。预计到2030年，全球城市人口达到49.8亿，约为全球总人口81.1亿的60.2%。1950年到20世纪70年代，是发达国家城市化速度最快的时期，1950～1980年，

发达国家和地区的城市化率从55%提高到70%，城市化率年均提高约0.5个百分点。1980年以后，发达国家城市化速度有所趋缓，年均速度下降到约0.3%，到2010年，发达国家城市化率在80%左右。进入20世纪80年代后，发展中国家的城市化进程加快，1980～2010年，发展中国家城市人口的年均增长速度超过3%，而同期其城市化水平也由29%上升到46%左右，城市化率年均提高约0.57%。

在城市化快速发展的过程中，一个显著的特征是人口向大城市集中，而人口超过千万的“超级城市”数量更是迅速增加。据统计，2005年，全球城市人口的1/3左右生活在人口超过100万的大城市。由于大城市在收入和就业岗位上的优势，持续吸引人口集聚，人口增长速度超过城镇人口的平均增长速度。根据联合国人口与发展委员会报告，随着世界各国城市化进程的加快，人口超过1000万的“超级城市”数量在迅速增加。1950年，世界上人口超过1000万的城市仅有纽约和东京两座①，到了1975年上海和墨西哥城也跻身这一行列，而到2005年，世界上有20座人口超过千万的大城市，其中发展中国家千万人口以上城市增长速度最快，20座人口超千万的城市中，发展中国家城市数量就达到16个（表4.1）。到2010年，全球千万人口以上城市已超过25个。

在城市化进程中，城市一旦形成即成为区域的“增长极”，而在城市发展过程中，只要集聚经济效益大于增长成本，即净效益大于零，在市场经济条件下城市规模就会进一步扩大，这有其必然性和合理性。但是，这种城市扩张通常是在市场主体不考虑外部性的情况下蔓延式

① 实际是指以东京和纽约两个城市为中心的都市圈地区。例如，大纽约地区除纽约市所属的曼哈顿、布朗克斯、布鲁克林、昆士和斯坦腾岛5个区外，还包括纽约州、新泽西州和康涅狄格州的26个县市，面积超过3万平方公里。

表 4.1　　2005 年世界千万人口城市

| 城　市 | 国　家 | 人口数（百万人） | | | 位　次 | | |
|---|---|---|---|---|---|---|---|
| | | 1975 年 | 2005 年 | 2015 年 | 1975 年 | 2005 年 | 2015 年 |
| 东　京 | 日　本 | 26.6 | 35.2 | 35.5 | 1 | 1 | 1 |
| 孟　买 | 印　度 | 7.1 | 18.2 | 21.9 | 15 | 5 | 2 |
| 墨西哥城 | 墨西哥 | 10.7 | 19.4 | 21.6 | 3 | 2 | 3 |
| 圣保罗 | 巴　西 | 9.6 | 18.3 | 20.5 | 5 | 4 | 4 |
| 纽　约 | 美　国 | 9.6 | 18.3 | 20.5 | 5 | 4 | 4 |
| 新德里 | 印　度 | 15.9 | 18.7 | 19.9 | 2 | 3 | 5 |
| 上　海 | 中　国 | 7.3 | 14.5 | 17.2 | 13 | 7 | 7 |
| 加尔各答 | 印　度 | 7.9 | 14.3 | 17.0 | 9 | 8 | 8 |
| 达　卡 | 孟加拉国 | 2.2 | 12.4 | 16.8 | 65 | 11 | 9 |
| 雅加达 | 印度尼西亚 | 4.8 | 10.9 | 16.1 | 81 | 17 | 11 |
| 拉各斯 | 尼日利亚 | 1.9 | 10.9 | 16.1 | 81 | 17 | 11 |
| 卡拉奇 | 巴基斯坦 | 4.0 | 11.6 | 15.2 | 26 | 13 | 12 |
| 布宜诺斯艾利斯 | 阿根廷 | 8.7 | 12.6 | 13.4 | 7 | 10 | 13 |
| 开　罗 | 埃　及 | 6.4 | 11.1 | 13.1 | 17 | 16 | 14 |
| 洛杉矶 | 美　国 | 8.9 | 12.3 | 13.1 | 6 | 12 | 15 |
| 马尼拉 | 菲律宾 | 5.0 | 10.7 | 12.9 | 19 | 19 | 16 |
| 北　京 | 中　国 | 6.0 | 10.7 | 12.9 | 18 | 18 | 17 |
| 里约热内卢 | 巴　西 | 7.6 | 11.5 | 12.8 | 11 | 14 | 18 |
| 大　阪 | 日　本 | 9.8 | 11.3 | 11.3 | 4 | 15 | 19 |
| 伊斯坦布尔 | 土耳其 | 3.6 | 9.7 | 11.2 | 35 | 22 | 20 |
| 莫斯科 | 俄罗斯 | 7.6 | 10.7 | 11.0 | 10 | 20 | 21 |
| 广　州 | 中　国 | 2.7 | 8.4 | 10.4 | 48 | 26 | 22 |

发展，在此条件下，城市在空间上的蔓延扩张，是一种较优的经济选择。比如，为享有便利的公共服务设施，新扩张的城市范围通常紧邻原有城市边界，这样不仅不需要大规模投资新建道路、水道、煤气等公共基础设施，而且还可以直接近距离地分享城市已成熟地区的公共资源和社会资源。

但市场的消极作用、特别是在不考虑市场经济外部性因素的条件下，使城市极易产生或者加剧“大城市病”，这不仅在发展中国家快速城市化进程中出现，而且在发达国家城市发展历程中也都不同程度地出现。图 4.1 展现了伦敦早期城市扩张的过程。1801～1851年，人口由 86.5 万人增长到 236 万人，城市面积从离中心大约 3.2公里半径扩展到半径为 5 公里的范围，是一个紧凑的城市。1914 年，伦敦人口达 650 万人，1914～1940 年随着交通技术的发展，城市建成区边缘的发展和城市疏散的进程加快，伦敦建成区面积扩大近 3倍，1939 年伦敦人口达到最高峰 860 万人。城市形成一个直径为20～25 公里的圆形城市。可以看出，早期伦敦城市发展也呈现出“摊大饼”式的蔓延扩张（见图 4.1），城市病也伴随这个“摊大饼”的过程愈演愈烈。

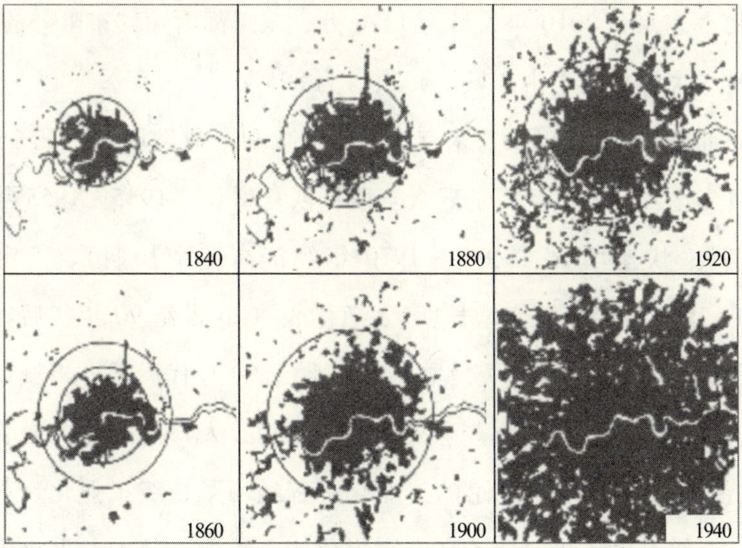


**图 4.1　伦敦早期的城市扩张**

# 二、部分发达国家大城市发展历程及城市病状况

## ——人口与产业角度的考察

发达国家大城市在发展过程中也经历过规模快速扩张、人口急剧膨胀引发的交通拥堵、环境污染等一系列城市病。在此选取东京、伦敦、纽约等大城市，简要分析其发展历程及城市病状况。

### （一）东京

通常所指的东京都市圈包括东京都与神奈川县、千叶县、埼玉县的部分区域，总面积约7850平方公里，2007年，该区域总人口为3670万。东京都2010年人口为1316万，东京都内除其市町外的23个特别区（大致相当于中心城区）人口为895万。

20世纪50年代以来，东京都人口变化和产业发展经历几个阶段。就人口变化看，大致经历了五个阶段：恢复增长（1945～1955年战后复兴期）、快速增长（1955～1970年经济高速增长期）、稳定增长（1970～1990年经济稳定增长期）、负增长（20世纪90年代后经济泡沫期和逆城市化时期）、缓慢增长（20世纪90年代后期“再城市化时期”）。东京人口的变化与产业发展关系密切，人口的变化主要受日本产业结构调整的影响。东京的工业化进程经历了初级工业化、重化工业化、高加工化和知识技术高度密集化四个阶段。其中，重化工业阶段持续了大约15年时间，东京的制造业发展在1961年达到顶峰，其中约有一半是金属加工和机械产品制造。而从重化工业阶段向后工业化阶段转变，大约经历了20多年时间。1965～1975年，工业生产开

始向东京以外的地方转移，服务设施进一步向东京集聚。与此对应的就业结构也在发生深刻变化，工业就业绝对量和比重趋于下降，而服务业就业绝对量和比重趋于上升。

与产业结构变化相适应，人口的变化大致分为两个周期，第一个周期自1955年开始到1975年结束，大约持续了20年。这一时期是东京的经济高速增长期和人口的急速膨胀期，一直表现为人口净迁入，到20世纪60年代初期达到最大值。人口、劳动力的集中导致地价上涨、环境恶化、生活成本增加，针对这一现象，并顺应产业结构调整的趋势，政府开始主动调整严重污染的工厂，并促进制造业转向生产性服务业发展，到20世纪70年代中期，东京都市圈的人口迁移几乎停滞，净迁入规模趋近于零值。第二个周期从20世纪70年代末期开始到90年代初期结束。这一周期是日本经济产业升级阶段，东京都内出现了大企业集聚、金融信息产业从业人员集聚、制造业比例大幅度降低的现象，从1986～1996年，金融、保险和房地产的就业增长25%。到90年代末，东京服务业就业占比达到60%以上。自90年代中期以后，人口变化又呈现出向东京迁移的趋势。

### （二）伦敦

伦敦是英国的首都、欧洲第一大城市以及第一大港。通常所说的伦敦指“大伦敦”地区（Greater London），是包括32个伦敦地方行政区以及伦敦金融城［“伦敦市”（City of London）］在内的区域，总面积约为1579平方公里；伦敦都会区范围总面积则超过1.5万平方公里，人口超过2000万。“大伦敦”地区又可分为内伦敦（大致相当于中心城区）和外伦敦，内伦敦包括13个自治市，总面积300平方公里，2006年人口约272万，人口密度为9050人/平方公里。

以下所称伦敦指大伦敦地区，共33个自治市。如前所述，在伦敦开始工业化进程以来，人口也经历了先增加后减少的过程，1939年，伦敦人口达到顶峰——约为860万人，之后的近50年里伦敦人口一直呈下降趋势，20世纪60～70年代，下降趋势尤为明显，到1988年，伦敦人口达到最低点——仅有673万人。之后，又开始回升，到2007年，伦敦人口达到756万人。

在20世纪初期到中期的几十年内，伦敦人口由400万增加到800多万。在这一过程中，急剧膨胀的人口使得城市住房短缺，贫民窟广泛分布；公共卫生设施严重不足，空气及水源污染严重；就业竞争激烈，工人处境艰难。当时，由于伦敦市中心区域集中了多数就业岗位以及商业服务设施，每天在高峰时段有超过100万人口进出中心城区，造成该区域严重的交通拥挤，区域内平均车速只有14.3公里/小时，成为全英国最为拥挤的区域。在1952年12月，更是出现了“伦敦烟雾”事件，由于严重的空气污染，加之伦敦上空的冷高压导致大气湿度增加，风力微弱，污染物难以扩散，浓厚烟雾弥漫五天之久，几天内死亡人数比平时增加了4000人。

进入20世纪60年代，伦敦也经历了经济转型，制造业呈现明显的衰退，相当数量的工厂关闭（直接造成20万人失业），部分企业向伦敦之外的地区转移，制造业出现大量失业。出现这种情况，除产业国际竞争力因素外，更主要的是受发展空间狭小、土地价格昂贵等因素影响，在产业生产急需大规模空间时，城市有限空间束缚了其扩张。1973～1983年的10年间，伦敦制造业的工作岗位减少了21.8万个，伦敦的就业人口也从1961年的430万人降到1985年的350万人，出现了整个社会就业减少的局面。这一时期，伦敦的经济处于长达20多年的萧条之中。从1984年起，基于金融和生产者服务的经济进入一个新的快速发展阶段，伦敦各行业就业人口比重发生了显著变化。1981～1987年，服务业发展带动了整个社会就业的增加，在经历了25年的就业人口净减少后，首次出现就业净增加，而在就业结构上，也从制造业为主转变为服务业为主。

## （三）纽约

狭义上的纽约市指曼哈顿、布朗克斯、布鲁克林、皇后和斯坦腾岛5个区，总面积786平方公里，而广义上的大纽约则包括纽约州、新泽西州和康涅狄格州的26个县市，面积为32400多平方公里，人口超过1680万。纽约是美国最大的金融、商业和文化中心，到1921年，纽约市的人口已达到618万人。纽约也是工业化时代典型的综合性城市，除了在贸易方面的职能外，在工业化时期纽约也是全美最大的工业基地。纽约在城市化进程中也面临着城市病的困扰，突出表现就是工厂集中于市中心，导致人口拥挤、空气污染、交通拥堵等问题极为严重。例如，在20世纪初期，大量工厂聚集市区引起严重的工业污染，空气污染滋生了肺气肿、肺癌等多种疾病，严重威胁到居民的身体健康，1910年，纽约市仅有5%的人活到60岁，20%的幼儿活不到5岁；交通堵塞也引起了一系列社会问题，据保守估计，当时纽约每年因交通堵塞而至少损失1.5亿美元。

在20世纪60～80年代中期，纽约也经历了经济转型，制造业部门的就业人数从1961年的140万人下降到1985年的57万人，其占就业总数的比例不到1/5。到1988年，进一步减少了10万个工作岗位。制造业的衰败，不仅是因为工厂的关闭和搬迁，还因为随着郊区化或大都市区化，纽约各大公司总部向外迁移。与此同时，第三产业特别是生产性服务业开始在纽约迅速崛起。生产性服务业的发展使纽约的就业总量又恢复到原来的水平，1987 年就业人数达到 360 万，恢复到 60 年代的水平，但其就业结构已发生明显变化。1950 年，制造业就业人数达 100 万，服务业就业人数为 50 万；而到 1987 年，服务业就业人数达 100 多万人，制造业就业人数为 38.7 万人。

### （四）早期东京、伦敦和纽约城市病的主要成因

纵观三个城市发展历程，城市病最严重的时期是在其工业化发展的高峰阶段。由于工业企业集中于城区，吸引人口大量集聚，进而造成环境污染、住房困难等严重的城市病问题。在工业化发展的这一阶段，东京都和伦敦的城市人口也达到最高峰。在工业化阶段完成之后，东京、伦敦、纽约等大城市开始了产业结构转型过程，伴随工业企业外迁，城市人口也经历了下降的过程。同时，针对工业化进程中的城市病问题，政府开始更加注重规划引导的作用，采取措施疏解城市职能，解决城市资源过度集中问题，这些大城市的城市病得到缓解，城市重新焕发活力。

## 三、国际大城市应对城市病的经验总结

### （一）东京应对大城市病的经验

20 世纪 60、70 年代，东京都地区集聚了大量的制造业企业雇员为主的第二产业就业人口，给东京的住房、交通、环境等造成沉重压力。也正是从这一时期，日本开始采取措施、积极应对城市病。经过近 30 年的努力，东京比较成功地克服了城市病问题，使得在人口高度集中的大城市实现了较高质量的生活。在应对城市病方面，东京的措

施主要包括以下几个方面。

1. 注重人口调控，通过产业结构调整促进人口合理流动

东京把人口问题放在城市发展战略的高度进行统筹考虑，尤其注重通过产业结构调整带动就业人口流动。东京产业结构经历了从城市化初期的劳动密集型向资本、知识密集型逐步过渡的过程。1956 年，日本制定了《首都圈整备法》，这一法律首次明确了以东京为中心、半径 100 公里的首都圈地域范围。随后，日本在 1959 年通过了《首都圈建成区内工业等设施控制法》（简称工业等控制法），在首都圈内的部分城市，对一定规模以上的工业、大学等设施的新增项目进行控制。工业等控制法的实施，使大批劳动力密集型企业和东京原有的一些重化工业相继迁往郊区、中小城市甚至海外，而以研究开发型工业、都市型工业为主的现代城市型工业开始聚集。资本和技术密集型产业代替劳动力密集型产业在东京高度聚集，既增加了地区生产总值和人均地区生产总值，也为控制东京城市的人口总量起到一定作用。

2. 加强规划引导，疏解中心城区功能，促进城市功能合理分工

东京在应对城市病的过程中，变被动为主动，从关注城市规模转向关注城市布局转变。自《首都圈整备法》实施后，先后五次编制实施《首都圈基本规划》，最近一次规划于 1999 年编制，规划期到 2015 年，提出在东京圈内形成“分散网络构造”。需要注意的是，东京都市圈范围大致是以东京为中心、半径 80 公里的范围，主要由前述东京都和千叶、埼玉、神奈川县部分组成，而首都圈范围要更大一些。但日本的东京圈和首都圈都只是规划区域或政策区域，并不是行政区域。也就是说，这些规划都是在国家层面进行编制，而非在单一行政区范围内完成。这些规划都强调中心城区职能的分散，包括建设城市副中心和新城，根据规划，东京于 1958 年、1982 年和 1987 年分步骤、分

阶段实施“副中心”战略，使副中心和中心城区一起承担起东京的城市功能，逐步形成了“中心区—副中心—周边新城—邻县中心”的多中心多圈层的城市格局。自20世纪60年代以来，日本政府一直在税收等政策上向副中心、新城倾斜，加强基础设施建设，扶持中小企业发展，促进城市人口向这些区域流动，避免过度集中。另外，跨区域的规划，使城市群布局得以形成，既解决了单一城市人口过于集中带来的问题，也在地域上组成一个相互关联、相互依赖的城市都市圈，扩大了城市的容纳能力，提高了城市影响力。东京都市圈曾经历了5次规划，最后实现了由东京“一极集中”向多级、多圈层的城市结构的转变。东京都市圈各城市的分工非常明确，如：多摩地区为东京都高科技产业、研究开发机构、商业、大学的聚集之地；埼玉区域是政府机构、居住、生活、商务职能聚集之地，在一定意义上成了日本的副都。

3. 完善公共交通设施，加强都市圈内各城市之间的联系

东京在发展过程中，高度注重依靠轨道交通引导副中心发展。比如，修建一条环市中心铁路，依托各交通枢纽将各副中心串联起来。然后再以各副中心为起点，修建众多呈放射状、向近郊或邻近城市延伸的轻轨线，并在线路末端发展新的中小城市和工业中心。经过多年的建设，东京大都市圈现有280多公里地铁线，铁路近3000公里。轨道交通系统每天运送旅客2000多万人次，承担了东京全部客运量的86%。在早高峰时的市中心区，有91%的人乘坐轨道交通工具。

4. 促进公共服务均等化，避免中心城区公共服务资源过度集中

以教育为例，东京按照日本政府相关规定，通过教育经费投入和教师轮岗制度，大力促进教育均等化发展。在经费保障方面，实行相对集中模式的义务教育公共财政投资体制，义务教育经费投入主体以

东京都和都市圈内各县等高层次地方政府为主体，其投资的比重均在40%以上。中央政府承担地方公立学校教职工工资、福利保障费的1/2，校舍危房改造经费的1/3，家庭经济困难学生补助的1/2。这种共担的经费投入方式，充分体现了义务教育作为全国性的公共产品和基本公共服务的特征。

在师资水平方面，日本公立中小学的教师是公务员，由地方政府统一管理，并且其工资由中央和都道府县各负担一半予以保证，同级同类教师会得到一样的中央财政工资。同时，根据相关法律规定，一个教师在同一学校连续工作不得超过5年。政府直接主导与调整教师的定期轮转流动。通过教师的轮转流动，保证了师资力量和教学水平的相对均衡。调整一般是在同一县（市）内进行的，教师工资待遇一般不变，轮换至“僻远地”学校的教师还有额外的补贴。这种教师的轮换制，保证了各中小学的教学管理与教学水平的均等化。

5. 加大公共投入力度，解决住房困难问题

东京从20世纪早期就开始实施一系列的住房保障政策，包括对不良住宅进行改建，对低收入阶层进行援助以及实施了公营住宅的建设。战后，日本从20世纪60年代就开始制定并逐步完善其国民住宅计划。尽管这一计划未能阻止日本房价的快速上升，但基本实现了居者有其屋的初衷。而东京在住房保障与公共住房建设方面形成了一套协调有效的政策体系，尤其是在其政府主导补贴住房建设与公团、公营住宅开发方面取得了较大的成功。公团住宅和公营住宅基本上都属于公共住房的概念范围，都是一种带有政府补贴性质的住房，原则上以成本价和优惠租金向低收入家庭出租、出售。建成后的住宅以出租或购买的形式供给居民，供应方式是通过公开抽签决定迁入者。“公团”也是最具日本特色的保障房开发建设主体，其性质为政府全额出资的特

殊法人，其中，中央政府出资约占3/4，地方政府出资约占1/4。仅到2000年初，公团住宅累计为社会提供约150万套住房，为缓解住宅短缺作出了较大贡献。而隶属地方政府的住宅供应公社主要负责建设面向本地区低收入者的公营住宅，以及负责资助低收入者、单亲家庭及有特殊困难的家庭和个人的住房建设。

当然，就日本以及东京等的情况来看，公共住房政策的首要目标是解决住房问题而非市场问题，它可以给住房市场的稳定提供一个基础，但不是调控房地产的主要工具，在对高房价的调控手段方面，日本的一些方式与我国现行手段近似，如房源供应调节、税收调节、土地调节以及限制外来资金购房等。由于相对较多的公房供应和完善的租赁市场，东京住房租赁占到57%以上，自有产权占40%左右，低于日本全国自有住房60%的比例。

### （二）伦敦应对城市病的经验

伦敦有针对地治理城市病始于20世纪30年代。主要措施包括规划与立法引导、构建完善的交通体系、加强住房保障等。

1. 规划与立法引导城市功能疏解

为防止伦敦无限制地蔓延，英国政府通过一系列立法和规划，缓解了大伦敦地区人口高度集聚、城市功能过度集中的问题。1937年，英国政府成立了“巴罗委员会”，负责伦敦地区的规划，1938年又颁布了《绿带法》，该法规定，在伦敦周围保留宽13~24公里的绿带，在此范围内不准建工厂和住宅。1946年《新城法》通过后，掀起了新城建设运动，到20世纪50年代末，在离伦敦市中心50公里的半径内建成8个被称为伦敦新城的卫星城，旨在解决城市人口集中、住房条件恶化、工业发展用地紧缺等问题，实现“既能生活又能工作，内部平衡和自给自足”的目标。为了达到这个目标，新城一方面吸引企业迁入；另一方面，建设完善的基本生活服务设施，以满足居民工作和日常生活需要。但就当时的情况看，由于新城人口大部分来自外地，在某些方面反而增加了对伦敦的压力。20 世纪 60 年代中期，大伦敦发展规划编制，旨在更大的地域范围内解决伦敦及其周围地区经济、人口和城市的合理均衡发展问题。正是从这一时期开始，以大伦敦地区为核心，形成了伦敦—伯明翰—利物浦—曼彻斯特城市群，伦敦都市圈由封闭到放射，既形成了具有世界影响力的都市经济区，也避免了单中心城市高度集中的城市功能。1992 年，伦敦战略规划委员会提出了《伦敦战略规划白皮书》。1994 年该委员会又发表了新的伦敦战略规划建议书，明确指出伦敦大都市圈和东南部地方规划圈之间的关系和发展战略。

2. 构建完善的公共交通体系，提高私家交通成本

构建发达的地铁网络和完善的公交系统，是伦敦应对交通拥堵的重要方式。伦敦地铁线路超过 400 公里，目前，75% 在中心区上班的人群通过铁路网络。此外，伦敦还大力发展公交车专线，拥有近 300 公里的公交车专线，并且采用低票价吸引公众通过乘坐公交车的方式出行，例如，伦敦 18 岁以下的青少年都可以免费乘坐有轨电车和公交车。此外，伦敦提出“为拥堵买单”的计划，即征收拥堵费，通过实施这一计划，在伦敦中心区特别路段的交通量明显减少了 10% ~ 30% 。

3. 完善多样化、分层次的住房保障体系

伦敦住房政策演变可以分为两个阶段，20 世纪 70 年代以前保障城市居民的基本居住空间是住房政策的核心问题。这一时期，伦敦住房保障措施主要侧重于单纯的住房政策和金融政策。自 20 世纪 70 年

代开始，伦敦政府加强政策调控，实行住房制度改革。伦敦政府于1980、1984、1986年相继颁布了《住房法》、《住宅与建筑法》、《住宅与规划法》等，自此之后，政府持有的公房开始大规模出售给普通居民和其他私人机构，鼓励居民通过租房、抵押贷款购房等方式解决住房问题。

伦敦的住房居住方式分为三种类型：一是自有住房，二是租住私房，三是租住政府公房。为保障公民的居住权，政府采用了与居住方式相对应的、分层次的住房福利体系。伦敦政府通过这种层次分明的住房福利体系，使得英国自有住宅家庭的比例从1979年55%增加到1991年68%。2004年《住宅与建筑法》对购买权制度在1984年《住宅与建筑法》的基础上，针对实施中的现实问题对其进行了系统的修正。2005年底，在购买权制度实施25周年之际，根据英国政府的统计，通过购买权制度予以出售的公共住房共达291万套。可以看出，伦敦住房供应逐渐转向市场机制，政府在减少干预的同时，也通过住房补贴等保证了弱势群体的住房问题，实现了市场机制与政府干预的较好结合。目前，英国居民中有68%的居民拥有自有住房产权，另外32%的居民租赁住房，其中22%的居民从当地政府租赁公有住房、10%的居民租住私人房屋。

### （三）纽约应对城市病的经验

#### 1. 重视跨行政区的组织协调，强化规划实施力度

纽约同样进行了旨在疏解城市职能的规划。自20世纪40年代开始，纽约开始了城郊化进程，首先是城市居住功能郊区化，50年代纽约的城郊化迈入高潮阶段，大量居民由市中心搬往郊区。而公路的发展、小汽车的普及以及城郊中心的完善，也使得人们有条件住到郊外。

进入60年代，纽约在郊区城镇建立大型购物中心等商业网点，并把工厂企业搬到郊区，大规模的工业园和商业服务网点落户郊区，形成了具有完善城市功能的新区域。这一变化为纽约郊区创造了大量就业机会，原来往返于市区与郊区之间的工作生活方式也随之改变，纽约郊区城镇逐渐成为更多人主要的生活和工作空间。此外，纽约也建立起多个卫星城镇，包括长岛以及与纽约相邻的新泽西州的一些小城镇等，这些卫星城镇为居民提供了良好的生活环境。

在实施城市规划、促进中心城区功能疏解的过程中，纽约市注重发挥区域协调组织的作用，其中，既有政府支持的组织，也有民间成立的非赢利组织。比如1898年成立的大纽约市政府、1929年成立的区域规划协会、20世纪60年代成立的纽约大都市区委员会等，它们积极倡导区域规划和区域合作，在区域规划和区域发展协调机制形成等方面发挥了重要作用。这些跨行政区的协调组织或者都市区政府的存在，在没有剥夺地方政府的权力的同时，极大地强化了规划的科学性、民主性和权威性，并较好地协调了跨区域经济发展问题。

2. 完善公共交通体系，化解交通拥堵

纽约注重发挥公共交通的作用，缓解交通拥堵。与美国人均每天开车41.6公里的距离相比，纽约居民每天人均开车距离仅为14.4公里，而机动车走行距离约为22.8公里，公交出行比重约为30%。在全美各大城市中，纽约公共交通出行比例最高（表4.2）。

表4.2 部分城市交通模式

| 城市 | 人均机动车走行距离（公里） | 公共交通利用比重（%） |
|---|---|---|
| 伦敦 | 3892 | 29.9 |
| 凤凰城 | 11608 | 0.8 |
| 波士顿 | 10280 | 3.5 |

续表

| 城　市 | 人均机动车走行距离（公里） | 公共交通利用比重（%） |
| --- | --- | --- |
| 休斯敦 | 13016 | 1.1 |
| 华盛顿 | 12013 | 4.6 |
| 洛杉矶 | 11587 | 2.1 |
| 纽　约 | 8317 | 约30 |

注：统计中纽约是指大纽约范围，不仅限于纽约中心城区。

就纽约市区的情况看，发达的地铁线路纵横交错，工作日每天平均运送500多万人次，比美国其他所有城市地铁运送的乘客总和还要多；纽约的公交与地铁线路均为24小时营运。同时，为了保证交通顺畅，纽约市政府在交通流量大的路段开辟公交专用道，在规定时段未经许可，其他车辆不准占用公交车道。

3. 加大环境保护投入，控制环境污染

纽约是全美人均碳排放量最低的城市，在节能减排方面，主要采取加大公共投入的方式，加强环境保护。如将一万多盏交通信号灯换成节能的发光二极管灯具，减少90%的耗能；将公共场所18万个低效冰箱换成节能冰箱，减少75%的耗能；将15万盏街灯换成节能灯等。纽约市还出台法律，规定市政府机构只能购买节能型的汽车、空调和复印机等。在治理空气污染方面，纽约市政府也采取了许多措施，包括采用混合动力公交车替代传统型柴油公交车等，1995~2006年间，纽约公交车的颗粒物排放量下降了97%、氮氧化物排放量下降了58%。

4. 兴建或资助公共住房建设，解决住房难题

为解决低收入家庭的住房问题，美国政府在立法、金融、税收等方面出台了一系列措施，提出了许多针对低收入家庭的住房计划，并将住房平等作为市民的一项基本权利。纽约在住房政策上经历了开始

干预——强化干预——有节制地干预的过程。

纽约实行多样化的住房政策，可以直接提供资金或通过税收机制提供资助，也可以运用调控手段影响住房贷款的供给、房地产经纪人的行为以及在相应地区修建的住房的类型、数量和费用等。纽约为低收入者提供的资助主要有三种形式：第一，直接资助，通过政府的专门项目支持具体住房工程（如公共住房）的建设；第二，帮助租房者获得私人市场的住房；第三，政府提供资金以及免征贷款利息税、所得税，减征财产税等。此外，纽约市还对住房租金的涨幅进行干预，控制居住成本以及保障低收入家庭的住房，出台了“租金控制法”，住房租赁市场上的租金管制住宅和租金稳定住宅占到总量的50%以上，完全按市场租金的住房仅占1/3。根据统计，在纽约大约有200万居民（纽约市人口的1/4以上）住在租金受管制的公寓里。

# 四、各城市应对城市病的主要经验总结

## ——从体制机制角度的考察

东京、伦敦、纽约及其他国际大都市在应对城市病方面有诸多类似之处，从体制机制角度而言主要体现在规划管理的权威、优质公共资源配置的均衡和上下级政府关系的合理等方面。

1. 加强跨区域的规划协调

三个城市都存在一个跨区域的协调机构或组织形式，类似于“大都市规划委员会”。例如，东京都市圈并非一个独立的行政区，在首都圈的规划和建设中，是由国土厅（现国土交通省）下属的大都市整备局负责，除编制大都市圈发展规划外，还负责协调与土地局、调整局等局的关系。伦敦有巴罗委员会等机构进行规划协调。纽约也成立了区域规划协会以及纽约大都市区委员会等，对区域城市发展和规划进行协调。都市圈的规划权力集中在规划委员会，由委员会来进行统一的研究和安排，从而较好地实现区域内的资源整合和产业合理布局。通过跨区域的规划，构建起多中心的城市群布局，并根据大城市的发展规律，维持大城市的开放性、流动性、多样性和异质性，促进大城市及以此为核心城市的城市体系各成员城市的合作与发展，推动城市群（都市圈）内各城市的协调发展。

需要注意的是，这些都市圈的规划，通常由国家层面的机构进行编制。除这三个城市外，其他国家的大都市区在规划管理上，也通常由中央政府负责，例如，韩国政府设立了跨辖区的超级机构——首都地区管理委员会，委员会对首都圈范围内各行政区申请新项目拥有最终审查决定权，并由国务总理任委员长，财政部部长和建设交通部部长任副委员长，同时还由相关部委长官任委员，保证了各项规划措施的落实。

2. 通过立法确立规划的权威性

除了提高规划层次外，各城市在实施规划方面，采取了立法的形式，强化规划权威性。如，日本从法律上界定了首都圈的范围和发展方向。随后又相继颁布了《首都圈市街地开发区域整备法》、《首都圈建成区限制工业等的相关法律》、《首都圈近郊绿地保护法》、《多极分散型国土形成促进法》等多部法律法规。而在伦敦城市规划过程中，英国议会先后颁布了《绿带法》、《新城法》、《内城法》等法律，有效地保障了伦敦都市圈均衡发展与社会公平。此外，首尔作为韩国的首都，在制定规划之外，也制定了一系列的法律，保障规划实施。自20世纪60年代开始，韩国政府不断完善首都圈发展的法律制度框架。

针对60年代首尔已经出现的规模膨胀现象，1964年和1970年韩国先后出台了《大城市人口防止对策》和《关于抑制首都圈人口过度集中基本方针》。1976年韩国政府修改了《地方税法》，规定在首都圈新建或扩建工厂将以5倍的高额收取登记税、取得税和财产税。1978年韩国政府颁布了《工业布局法》，1982年又颁布了《首都圈整备施行规划法》，根据不同地区的要求实施不同程度的限制与分散政策。

3. 发挥政府调控作用，促进公共资源的均等化配置

市场机制在提高效率的同时，也导致人口及生产要素向大城市高度集中，由此导致城市病问题，这也是市场失灵的表现。对此，需要发挥政府宏观调控的作用，通过引导公共资源与服务合理配置，控制人口和资源向大城市的过度集中。在操作模式上，包括引导城市空间沿交通干线或以相对集中建设新城等形式，完善新城综合服务职能，减少通勤人口，将新城建设成为承载人口的重要区域。例如，东京、纽约等城市在公共资源配置方面，都努力避免优质资源的过分集中，特别是教育资源配置方面，根据国家以及地方政府相关立法，促进教师在区域之间的流动，实现教育质量的均等化。在住房保障方面，则通过在中心城区大规模地建设小户型公共住房，解决低收入群体的住房问题。

4. 国际城市应对城市病方面的体制机制因素

规划引导是国际大城市应对城市病的主要手段，因此，规划的科学性和规划实施情况对缓解城市病意义重大。规划制订以及实施等与一系列的体制机制因素密切相关，包括行政管理、政府上下级关系以及规划管理等。

从国外大城市的行政管理体制以及政府上下级关系上看，东京、伦敦等大城市下辖的区（市）都具有地方自治性质，拥有高度的自治

权，并且对上级政府不是完全的从属关系，这种管理体制一方面保证了地方事权与财权的相对统一；另一方面，在此条件下的区域规划编制以及实施过程都经过了充分的协调沟通，因而有利于规划实施。例如，东京都下辖23个特别区，这些特别区拥有类似其他国家自治市等级的行政地位，与东京都政府之间并不是完全的上下从属关系，而拥有非常高度的自治权，但为了解决都与区之间纵向，或各特别区之间横向的联络与协调问题，还设置有都区协议会等机关处理相关事务。特别区的行政首长为区长，民意机关为区议会，而区长与区议会议员都是由该区居民直接以投票方式选举产生。从规划管理体制上看，由于东京、伦敦以及纽约等大城市区都不是完整意义上的独立行政区域，而是包含数个独立行政区的跨区的城市群区域，因此，这些区域规划通常都由国家层面的机构统筹规划编制和实施；此外，各城市都将立法保障规划的地位，规划不能轻易改动，也保障了规划实施落实。

*专栏1* **德国——规划引导，均衡发展，避免城市病**

德国国土面积35.7万平方公里，人口约8200万人，人口密度达到230人/平方公里，是欧洲人口最密集的国家之一；目前，德国近90%的人口居住在城市（镇），但即使在如此稠密的人口密度和如此高的城市化率下，德国城市却很少受到交通拥堵、住房困难等“城市病”的困扰。这得益于德国独特的城市化理念和促进城市均衡发展的相关政策和规划。

到2010年底，德国拥有专门行政机构的城市和村镇共2062个，但人口超过百万的却只有柏林、汉堡和慕尼黑三个，人口最多的柏林人口也不到400万；10万人口以上的城市不到80个；而人口在2000~10万之间的中小城镇则成为承载人口的主体，这类市镇人口占德国总人口的60%，虽然这类市镇规模较小，看似缺乏大城市所具有的规模效益，但事实并非如此。

德国从20世纪60年代开始规划建设具有内在经济联系、互补共生的区域性城市群，各个城市群不仅形成内部的合理分工，而且每个城市群都有明确的主导功能定位，这些城市群使区域保持了整体的竞争力。期间，德国形成了柏林—勃兰登堡区、大汉堡区、慕尼黑区、纽伦堡区、斯图加特区、莱茵—鲁尔区、法兰克福及莱茵—美茵区、不莱梅—奥登堡区、莱茵—内卡区、汉诺威—布伦瑞克—哥廷根—沃尔斯堡区和萨克森三角等11个城市群。柏林地区是国家的政治核心，汉堡区依托海港，主要从事远洋贸易及相关服务业；法兰克福地区则以金融和投资业为主；斯图加特及其周边城镇形成了完整的机械制造业和汽车业产业链；萨克森三角带包括哈勒、莱比锡、德累斯顿等文化名城，以旅游业为主；慕尼黑地区则是南部巴伐利亚州的政治、经济中心。

这11个城市群区域遍布全国，涵盖了德国所有主要的商业、文化和政治中心，聚集了德国70%的人口。城市群通常以一个或几个较大城市为核心，与较小城镇有机结合，形成具有市场竞争力的产业功能区。以莱茵—鲁尔区为例，区域内有杜塞尔多夫、波恩、科隆、多特蒙德、杜伊斯堡等工业名城，曾是德国煤炭、钢铁等重工业中心；区域总面积1万平方公里，总人口约1000万，其中除科隆人口近100万外，杜塞尔多夫、波恩等主要城市人口均不足60万。自20世纪80年代前后，受产业结构调整等的影响，这里陷入生产难以为继和环境严重污染的双重困境。经过反复论证和规划，该区域从1989年开始转型，经过20多年发展，此区域成为以可再生能源、信息和生物技术等新兴产业和高端服务业为主的新经济区，区域地区生产总值占德国GDP的15%左右。由于城市群之间以及城市群内部合理的功能分区，使得这些城市群具备了整体上的竞争力，既避免了大城市的拥堵，也使大城市与中小城镇结合起来，提供了足够的发展和生活空间。

此外，在功能分工的基础上，各个区域内部以及区域之间，通过发达的交通网络实现了便捷联系。德国是世界上路网最密集的国家之一，其铁路总长达到3.8万公里，公路总长65万多公里，其中高速路1.2万公里。而德国南北最长距离不过876公里，东西直线距离640公里。其中，承担德国近一半交通运输量的大多数高速公路免费，在城市内部，多样化的公共交通也为人们出行提供了多样化的选择。

*专栏2* **墨西哥城城市病概况及其应对**

墨西哥城人口近2000万，约占全国人口的18%，人口高度集聚、功能高度集中的城市也有交通拥堵、住房困难和环境污染等各种典型的城市病。墨西哥城政府也采取了大量措施，应对城市病。

**1. 交通拥堵较为严重，相关措施成效有限**

人口规模巨大的墨西哥城一直面临着交通拥堵的难题。据统计，每天行驶在墨西哥城的车辆达到700万~800万辆，而其每年新增机动车数量仍超过25万辆。墨西哥城政府也采取了车辆限行、大力发展公交等措施，治理交通拥堵。墨西哥城拥有发达的地铁线路，目前，该城拥有11条地铁线，每天客流量达388万人次。而早在1989年，墨西哥城政府就开始推行“限行政策”，车辆在一周中的五个工作日内限行一天，到2000年，政府对这一政策做出调整，根据每辆汽车从新到旧的程度发放不同号码，新车可以每天上路，而旧车则根据情况每周限行1~2天。

虽然墨西哥城政府采取了大量的措施，但交通拥堵问题并未得到有效缓解，这与不合理的道路规划、特定发展阶段中的居民出行习惯等有较大关系。例如，墨西哥城拥有改革大街和起义者大道两条贯穿南北、东西的主干道。但从整体来看，墨西哥城内的道路十分有限，一些小型街道无法有效承担运输能力，这就使车辆全部涌向主道，造成拥堵。而限行政策在刚刚推出时，在一定程度上缓解了交通拥堵，但很快大多数家庭为了绕开政策，购置新的车辆，反而使汽车保有量有了大幅增加。此外，作为刚刚开始步入富裕阶段的城市，在人们的观念中，汽车出行还与身份、社会地位等相关，同时，加之公共交通环境较差，使得公共交通对大部分富裕或中产阶层缺乏吸引力。

**2. 规模巨大、数量众多的贫民窟表明其住房困难问题突出**

自20世纪40年代墨西哥进入工业化、城市化快速发展阶段，许多城市周边形成了大量贫民窟，其中以首都墨西哥城最为典型，墨西哥城的贫民窟形成于20世纪40、50年代，在20世纪70年代迅速扩张。目前，墨西哥城约有150万人居住在贫民窟内。

贫民窟的形成，受多种因素的影响：首先是城市化速度与工业化进程不协调。在20世纪70年代，墨西哥城城市化速度过快，导致工业部门无力吸收多余劳动力，无法形成充分就业。与此同时，农业机械化和现代化的进展导致更多的农业劳动力成为多余。因此，农村人口大量涌入城市，又无法实现就业和得到住房信贷，只能在城市周边无主公共土地上搭建简易房屋落户，久而久之形成贫民窟。其次，城市化过程中忽略了分配的公平性。据统计数据，墨西哥近50%的人口没有足够的收入满足住房、交通、教育等需求，其中更有20%的人口尚无法解决温饱，墨西哥也是世界上贫富差距最大的国家之一。再次是城市化过程过度侵占弱势群体的利益，也加剧了贫民窟问题。墨西哥政府为了城市建设，促进旅游业，用低价收购大量市中心贫困人口以及郊区农民拥有的土地。由于补偿较低，失地群体无法在市区购买新的住处，因此，只能迁到郊区居住，扩大了贫民窟的规模。

**3. 卫星城是承载人口的主体，卫星城建设也成为缓解城市病的重要手段**

为缓解城区过大的人口压力，避免人口恶性膨胀，墨西哥城加快了建设卫星城，据统计，墨西哥城的30个卫星城已经承载了近1500万人口。这些卫星城具有相对独立而完善的功能，在卫星城建设过程中，采取措施保证交通运输、住房、食品供应和居住安全等问题，并将一些著名的高中和大学建设到卫星城区，以增强卫星城吸引力，一些卫星城发展成中高档住宅的聚集地，在逆城市化进程中，一些富人和中产阶级选择到卫星城居住。1980~2000年，整个墨西哥城中，人口增长率最高的地区已经不在主城区，而是特拉瓦科、夸希马尔帕、特拉尔潘三个卫星城。据统计，目前卫星城中，有约20%的人到墨西哥城工作，而居住在老城区的居民中也有6%人口到工业集中的卫星城工作。

此外，从国家层面上，墨西哥也采取了“城乡均等化”策略，政府投入巨大物力和财力进行了均等化改造，通过提高农村和郊区人口的生活水平，为农村居民提供医疗和就学机会，实现把人口留在农村的目的。通过一系列的措施，墨西哥城的移民数量很快开始下降。来自墨西哥国家统计地理局的数字显示，1999～2009年，农村人口向墨西哥城移民的数量已出现负增长。

这一系列措施，遏制住了农村贫困人口盲目流向大城市的趋势，而墨西哥城的人口也开始出现下降趋势，人口过度拥挤的形势开始缓解。

本章初稿执笔人：王大伟　苏　杨　齐浩良

第五章

# 应对城市病的国内经验教训及其借鉴

必须承认，我国相当数量的城市政府，对城市病的产生和蔓延有所预见，采取了很多预防和治理措施。但这些措施要么“头痛医脚”，要么“杯水车薪”，使得很多城市尤其是一线城市“明明白白”地看着城市病“天天向上”。这方面的教训尤其是一线城市的教训需要总结。而在城市病已成为一线城市的沉疴痼疾的情况下，我们发现国内已有一些城市在城市化高速发展期却症状轻微。显然，总结这些城市的发展经验，对开出城市病的“处方”具有更直接的参考价值。

## 一、建立多中心城市（群）成为应对城市病的主要方式

从发达国家城市病发展过程上看，多数城市属于“先发展、后治理”的模式：在市场机制作用下，城市集聚效益充分发挥，人口、经济向中心城市高度集聚；随着人口、产业的不断集中，带来人口拥挤、

交通拥堵等一系列的城市病，之后则开始对城市病进行针对性的治理。但国外也有在城市发展初期就加强规划引导、形成合理的城镇空间布局、避免中心城市功能过度集中从而避免城市病的范例，其强调了疏解中心城区职能、建立多中心城市（群）的重要性。

具体说来，从国际城市发展过程看，在20世纪60、70年代，出现了城市集聚力和向心力下降的情况。这一时期，在城市群内，人口以及经济活动布局也发生了变化，呈现出从最大城市的中央核心区向郊区和非城市区的边缘转移的趋势。纽约、伦敦、东京等城市应对城市病的历程也验证了这一点。例如，东京自1958年以来，实施了“副中心”战略，并形成了新宿、涩谷等7个城市副中心，每个副中心既是所在地区的公共活动中心，同时也承担东京作为国际城市的某些职能。伦敦也于20世纪50年代开始，着手建设卫星城，并进而通过相关基础设施建设和规划引导，形成了以大伦敦地区为核心，涵盖伦敦—伯明翰—利物浦—曼彻斯特的城市群，避免了单中心城市城市病过于严重的问题。

就国内情况看，多数城市特别是在发展初期，属于单中心发展的方式，相关体制机制因素也加剧了中心城区功能高度集聚的态势。但也有部分城市，特别是在自下而上的城市化进程中，自发形成了多中心、组团式的城市布局，例如珠三角的佛山、中山、东莞等城市，这类城市各个组团功能较为完善并具有一定的独立性，城市病问题相对而言症状较轻。但这类城市也通常因为缺少首位度较高的中心区域，在城市形象和高端服务业发展方面缺乏竞争力。这种发展方式总体来看利弊如何，取决于集聚带来的利和弊之间的相权。

# 二、“先发展、后治理”式的城市病应对经验与教训

从国内大城市发展及其城市病状况看，多数城市是单中心发展模式，随着城市规模的扩大，单中心城市的弊病开始显现。因此，在城市病应对上，国内这类城市也与国际上诸多城市类似，属于“先发展、后治理”的方式，其“后治理”的措施具有共性。

## （一）主要应对措施及经验

近些年来，为缓解城市病，国内许多一线城市采取了一些类似的措施，如规划明确提出建立多中心城市和采取必要的行政管制措施等。

1. 各城市规划提出建立多中心城市

（1）北京。

2005 年，国务院就通过了《北京城市总体规划（2004～2020）》（以下简称《规划》），这也是北京当前正在实施的一轮城市总体规划。《规划》提出：到 2020 年，北京市总人口规模规划控制在 1800 万人左右，其中，城镇人口规模规划控制在 1600 万人左右。考虑到影响城市人口集聚的多方面因素及其不确定性，规划也提出城市基础设施等相关指标按 2000 万人预留。

在市域空间以及城镇结构上，分别形成“两轴—两带—多中心”的城市空间结构，并在此基础上，进一步形成中心城—新城—镇的市域城镇结构。其中，“两轴—两带—多中心”空间结构具体包括：“两轴”——沿长安街的东西轴和传统中轴线的南北轴；“两带”——包

括通州、顺义、亦庄、怀柔、密云、平谷的“东部发展带”和包括大兴、房山、昌平、延庆、门头沟的“西部发展带”；“多中心”——在市域范围内建设多个服务全国、面向世界的城市职能中心，提高城市的核心功能和综合竞争力，包括中关村高科技园区核心区、奥林匹克中心区、中央商务区（CBD）、海淀山后地区科技创新中心、顺义现代制造业基地、通州综合服务中心、亦庄高新技术产业发展中心和石景山综合服务中心等。

在“中心城—新城—镇”的市域城镇结构体系中：中心城是北京政治、文化等核心职能和重要经济功能集中体现的地区；新城是在原有卫星城基础上，承担疏解中心城人口和功能、集聚新的产业，带动区域发展的规模化城市地区，具有相对独立性，共有11个，分别为通州、顺义、亦庄、大兴、房山、昌平、怀柔、密云、平谷、延庆、门头沟；镇包括区域内的重点镇和一般镇。

在人口引导方面，《规划》提出，通过疏散中心城的产业和人口，促进人口向新城和小城镇集聚。2020年，中心城人口规划控制在850万人以内，新城人口约570万人，小城镇及城镇组团人口约180万人。同时也提出，加强人口的引导与管理，控制人口过快增长，并充分运用法律、经济和行政等多种手段，对人口的增长与分布实行有效的引导和调控。

在产业发展导向上，《规划》提出，中心城区域以调整优化和提高为主，重点进行城市环境整治、交通疏理、基础设施改善，合理控制建设强度，逐步疏解人口与产业，完善政治、文化和国际交往中心的功能，大力发展以高端服务、金融保险和文化旅游为主体的第三产业，提升城市职能中心品质。对两条发展带上的新城区域，东部区域是城市未来重点发展的地区，通州、顺义和亦庄地区是承接中心城人口、职能疏解和新的产业集聚的主要地区。积极引导以高新技术产业、现代制造业为主的第二产业向该地区集聚，并在公共服务、居住配套以及相应的教育培训等方面提供支持和保障，形成北京第二产业集中发展的区域。西部发展带上的新城区域，积极引导高新技术研发与服务、旅游休闲、商业物流、教育等生态友好型的产业发展，优化、整合、完善现有的发展空间为主，改善生态环境，引导高品质、组团式集约发展。

因此，从空间布局、产业引导、人口规模控制等方面看，北京城市总体规划提出了合理控制人口规模，分散城市职能，建立居住、就业功能相对独立完善的新城的设想。

（2）上海。

2001 年，国务院批准了《上海城市总体规划（1999 ~ 2020）》（以下简称《规划》），《规划》提出控制中心城人口和用地规模，引导中心城的人口和产业向郊区疏解。到 2020 年，全市居住人口控制在 1600 万左右，其中，非农人口 1360 万，城市化水平达到 85%，集中城市化地区城市建设总用地约 1500 平方公里。

在城市发展方向上，《规划》提出，拓展沿江沿海发展空间，形成宝山新城、外高桥港区（保税区）、空港新城、海港新城、上海化学工业区、金山新城等组成的滨水城镇和产业发展带，继续推进浦东新区功能开发和形象建设，集中建设新城和中心镇，将崇明作为 21 世纪上海可持续发展的重要战略空间。

在此基础上，形成“中心城—新城（含县城）—中心镇—集镇”组成的多层次的城镇体系及由沿海发展轴、沪宁、沪杭发展轴和市域各级城镇等组成的“多核、多轴”空间布局结构。

中心城是上海市城镇体系的主体，人口控制在 800 万人，城市建设用地600平方公里，构建“多心、开敞”的空间结构，其中，中心城公共活动中心指中央商务区和主要公共活动中心，中央商务区由浦东小陆家嘴（浦东南路至东昌路之间的地区）和浦西外滩（河南路以东，虹口港至新开河之间的地区）组成，规划面积约为3平方公里。主要公共活动中心指市级中心和市级副中心，市级中心以人民广场为中心，副中心分别是徐家汇、花木、江湾—五角场、真如。新城是以区（县）政府所在城镇，或依托重大产业及城市重要基础设施发展而成的中等规模城市，共有11个新城，分别是宝山、嘉定、松江、金山、闵行、惠南、青浦、南桥、城桥及空港新城和海港新城。新城人口规模一般为20万~30万人。中心镇是由市域范围内分布合理、区位条件优越、经济发展条件较好的集镇，包括朱家角、泗泾、周浦（康桥）、奉城、枫泾、堡镇、南翔及罗店等22个左右中心镇，规划人口规模一般为5万~10万人。

产业布局上，《规划》提出从上海和长江三角洲地区的区域整体发展角度出发，在市域产业布局形成三个层次：一是城市内环线地区，即中心城区，发展第三产业；二是城市内外环之间，分布了主要的新城，要着力发展高科技、高增值、无污染的工业，调整、整治、完善现有工业区；三是其他区域发展以第一产业和第二产业为重点，集中建设市级工业区。

（3）广州。

2000年，广州市在报批城市总体规划的过程中，进行了行政区划调整，之后，广州依据原有城市规划，开始编制《广州城市建设总体战略概念规划纲要》，确立了“南拓、北优、东进、西联”的空间拓展方针，并相继编制了番禺、花都两个新区发展规划。到2005年，在综合2000年之后广州的发展实际以及《广州城市建设总体战略概念规划纲要》的基础上，形成了《广州市城市总体规划（2001～2010）》（以下简称《规划》），并获得国务院批复。《规划》的重点是因行政区划的变化而带来城市整体空间结构、土地利用、道路交通等方面的调整，并补充番禺、花都两个新区的内容。《规划》提出，将广州市辖10区划分为中心组团、番禺组团和花都组团，中心组团（即中心城）包括越秀、荔湾、东山、海珠、天河、芳村、黄埔和白云原市辖8个行政区范围，番禺组团和花都组团则分别涵盖番禺区、花都区两个新的市辖行政区范围。城市规划区范围包括10个市辖区和2个县级市（增城、从化），总面积为7434.4平方公里。《规划》提出，到2010年广州市域总人口1225万，城镇人口1040万，其中市辖10区总人口1035万，城镇人口920万，在市辖10区人口分布：2010年中心组团总人口680万，其中城镇人口628万；番禺、花都组团总人口355万，其中城镇人口292万。

在市域空间发展方向上，提出"南拓、北优、东进、西联"的策略，调整城市空间结构，完善城市功能，使城市由单中心向多中心转变。其中，南部、东部为城市发展的主要方向，形成以山、水、城、田、海的自然格局为基础，主要沿珠江水系发展的多中心组团式网络型城市结构，确立珠江作为城市空间景观发展的纽带。沿珠江前后航道发展带、沙湾水道发展带、蕉门水道发展带，与广州传统城市中轴线、新城市中轴线以及沿轨道交通用地发展轴交汇，共同形成多中心网络型发展形态。

在此基础上，《规划》提出建立由都会区、片区中心、中心镇、一般镇构成的市域城镇体系，形成以都会区为中心，以高、快速路网与轨道交通体系为依托，各级城镇辐射范围合理、空间分布均衡的大中小城镇相结合的多层次、星座式市域城乡布局结构。

早在2006年，广州市就开展了新一轮城市总体规划的前期研究工作，包括现行总体规划的回顾与总结，社会经济发展背景、保障条件，对城市发展目标与空间战略的思考以及新一轮总体规划的初步工作思路。新一轮城市总体规划期限为2010~2020年，目前规划正在编制过程中，在城市空间结构布局上，提出形成由中心主城区、南沙副城区、花都副城区、萝岗副城区、荔城组团（增城）、街口组团（从化）组成的“一主三副两组团”的城市空间布局，同时不断完善城市服务功能，优化功能分区。相比上轮规划提出的片区中心，副城区和组团布局更加强调了各个区域功能的综合性。

（4）深圳。

2010年，国务院批复了《深圳城市总体规划（2010~2020）》（以下简称《规划》），该《规划》提出，到2020年，城市常住人口规模控制在1100万人以内。在城市空间布局上，提出以中心城区为核心，以西、中、东三条发展轴和南、北两条发展带为基本骨架，形成“三轴两带多中心”的轴带组团结构（图5.1）。

在城市中心体系上，建立三级体系，包括2个城市主中心、5个城市副中心、8个组团中心。其中，城市主中心分别是福田—罗湖中心和前海中心。在强化福田—罗湖中心对全市综合服务功能的基础上，推进前海中心的建设，构筑区域性高端服务业集聚区。逐步形成发展有序、功能互补、区域辐射功能强大的双中心结构。城市副中心包括：龙岗中心、龙华中心、光明新城中心、坪山新城中心和盐田中心，承担所在城市分区的综合服务职能，发展部分市级和区域性的专项服务职能，带动地区整体发展。城市组团中心包括航空城、沙井、松岗、观澜、平湖、布吉、横岗、葵涌，分别作为各城市功能组团的综合服务中心，发挥组团级的服务功能。

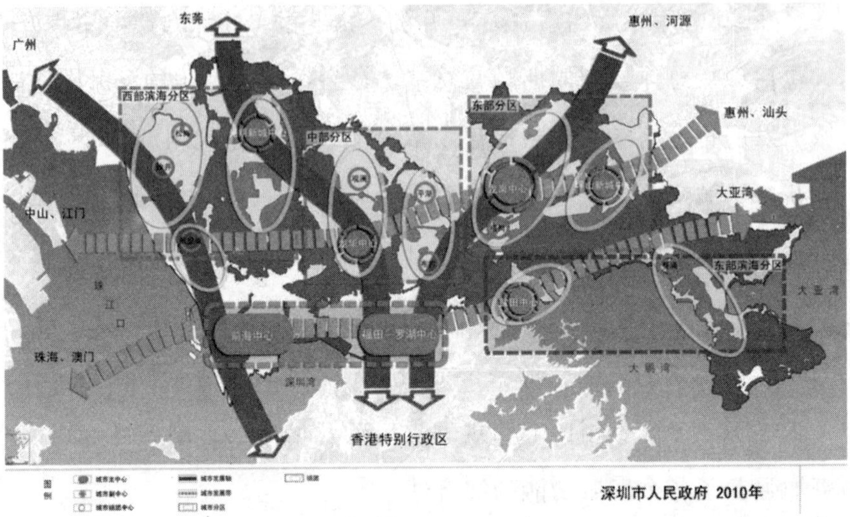


**图 5.1　深圳城市空间布局示意图（2010～2020 年）**

在居住用地布局上，规划提出构建“大均衡、小集中”的居住—就业空间，引导“大融合、小分散”的和谐社会空间。促进就业和居住在主中心、副中心和组团中心之间的均衡布局。

（5）小结：多中心、组团式成为大城市应对城市病所共同寻求的空间布局模式。

从北京、上海、广州、深圳等大城市的情况，在《规划》中都提出建立多中心城市；同时，通过新城建设，疏解中心城区职能。不同的是，北京和上海城市规划所提出的多中心城市，主要是指在主城区内部的多个综合服务中心，如北京城市区域内的 CBD、中关村、奥林匹克公园区域等。广州和深圳城市总体规划所提出的中心，则更加强调在主城区作为综合功能区的情况下，突出周边新城区（作为副中心或组团）作为一个综合服务中心进行建设，建立人口、产业、居住均衡协调的综合功能区。显然，后者是在大城市超大人口规模和巨大的城市建设区面积下，更符合布局均衡、功能分散的发展理念。

2. 应对城市病的其他措施

（1）推进城市经济结构调整升级，实施退二进三战略。

相比国外部分大城市，国内大城市在产业结构上还有较大的优化升级空间。北京、上海等城市第三产业比重比伦敦、东京、纽约等城市低10~20个百分点。北京、上海、广州等城市都实施了旨在促进产业结构升级、提高土地利用效率的退二进三战略。这一方面拓展了第三产业发展空间，另一方面，也减少了工业污染物的排放，并提高了土地利用集约度，增加了商业服务以及住宅用地比例，有利于住房困难的缓解。

例如，北京市在明确首都城市功能定位的基础上，采取“退二进三”的方式，对不符合首都城市性质要求的第二产业中的一些生产部门和行业坚决果断退出。在四环路以内，仅保留适合首都城市特点的高新技术企业和低耗能、无污染的都市工业企业，其他工业企业有序迁出四环路以外，进一步拓展第三产业的发展空间。上海市规定，“退二进三”地块须建50%保障房，此类地块的商业开发，实行捆绑式；上海市“十二五”期间将供应各类保障性住房约100万套，为更好地进行保障性住房建设，除规定在落实商品住宅中按5%配建保障性住房政策外，“退二进三”地块成为保障房供应的重要来源，规定房产商50%用于开发经营，50%用于建设保障性住房。

（2）除加大公共交通支持力度外，行政措施成为缓解交通拥堵的重要手段。

交通拥堵成为各大城市最为明显也最引人关注的城市病，在应对交通拥堵方面，各城市都加大了对公共交通的支持力度，城市规划也提出增加公交出行比例，并在专用公交车道、地铁网络建设等方面加大投资。除此之外，行政管制措施也成为缓解交通拥堵的重要措施。

例如，为解决上海交通拥堵的状况，自1994年开始，就通过实行牌照拍卖制度，达到对新增的客车数量进行限制的目标；并实施高峰时段限制外地车辆进沪的措施。北京也实施了旨在控制机动车过快增长的管制措施，自2010年开始，北京采取了提高停车费、限制外地户籍购车、限制外埠进京车辆、局部路段时段单双号限行等措施。同时，为保障相关措施的落实，北京市还制定了分年度缓解交通拥堵工作方案，并将缓解交通拥堵工作纳入市、区县两级政府重点工作任务督查和绩效考核内容，交通治堵将成为一级政府的责任，而不再只是交通部门的工作。

（3）行政区划调整也有利于应对城市病。

2009～2011年，北京、上海、天津、重庆4个直辖市都经历了区划调整或新区成立的过程，如天津在塘沽、汉沽、大港三区的基础上成立滨海新区，重庆以北部新区和保税港区为核心成立两江新区，北京的东城与崇文、西城与宣武四区的两两合并，上海两大中心城区黄浦和卢湾合并成新黄浦区。

区划调整与区域合并，一方面是由于当前政府在经济发展中的主导作用仍较强，行政壁垒的存在导致很多资源不能实现优化配置，而“并区”后便于统筹规划，可以减少协调成本，促进区域功能的优化。另一方面，在当前“城市病”成为人们的关注焦点，区划调整合并也有利于基础设施的“互联互通”，例如，在上海浦东、南汇合并前，两区交界处曾有不少断头路，而“大浦东”成立后，“断头路”现象得到明显改观，浦东的发展空间也得到大幅度提升。

## （二）各城市应对城市病不力的教训

我国各大城市目前城市病发展较快，且已经较为严重，各大城市虽然采取了包括规划引导、行政管制等在内的治理手段，但总体上看，效果还不是很明显，而且，就目前的趋势看，城市病仍有进一步恶化的趋势。

1. 各城市发展实际与规划目标对比

从各城市实际情况看，人口规模控制均未实现规划控制目标。《北京城市总体规划（2004～2020）》提出到2020年城市人口控制在1800万以内，但根据2010年第六次人口普查数据，北京总人口已经超过1900万，提前10年突破了城市规划确定的人口规模。《上海城市总体规划（1999～2020）》预测2020年上海的半年以上常住人口规模为1650万人，中心城为825万人。而早在2005年上海全市常住人口就达到了1640.8万人，其中心城约976万人，均已接近或超过了规划到2020年的规模；到2010年，上海市人口达到2302万，大大超过到2020年的规划控制人口规模。相比北京和上海，广州城市总体规划在人口规模控制上执行情况略好，《广州城市总体规划（2000～2010）》提出，到2010年广州市域总人口控制在1225万，其中市辖10区总人口1035万，城镇人口920万；而根据广州市第六次人口普查数据，到2010年，广州总人口达到1270万，市辖10区1110万人。不同于北京、上海、广州，深圳城市规划于2010年获批，根据规划，到2020年，深圳城市总人口控制在1110万，但就目前的情况看，到2010年，实际人口规模已经达到1036万，相比2000年人口普查增加335万人，相比2007年规划开始编制启动时增加约170万人；就目前人口增长趋势看，到2020年，深圳人口将突破规划控制人口目标。

上述大城市规划人口控制目标难以实现，与城市管理中的体制机制有密切关系。例如，不同于国外城市无论大小通常具有自治地位，我国城市管理中实行的是等级化体制，等级越高的城市，其对资源的支配能力越强，特别是在土地指标使用以及公共服务提供方面，这也增大了大城市对人口的吸引力，导致人口快速集聚。等级化的管理体制也使得部分城市在跨区域的城市规划中报有“不情愿”的态度，比如，大城市周边的城市，在行政等级上可能较高，因此，不愿意被纳入大城市规划范围而降低“级别”。此外，我国城市规划尚且缺乏权威性，由于规划地位不高，在实施中经常受到来自外部力量的干扰，导致规划调整较为随意，影响规划目标实现。

2. 受就业容量及公共服务水平等影响，新城未能很好地起到疏解中心城区功能的作用

虽然各城市在规划中都提出，通过副中心、新城或组团建设，完善这些区域的综合服务功能，达到区域就业、居住、公共服务等的均衡发展，从而疏解中心城区过密功能，缓解城市病。但就实际情况看，新城建设虽有了较快发展，但就业和公共服务水平显著不足，部分新城成为“卧城”，不仅未能很好地起到疏解中心城区功能的作用，反而带来了通勤流量的增加。

例如，上海城市总体规划提出建设新城，避免城市蔓延扩张，但就近年情况看，上海城市建设用地呈现出明显的“外延式增长”的趋势。环绕在中心城外环线以外已形成了5～10公里宽的连绵带，涉及北至杨行、顾村、南翔，西至徐泾，东、南至外环线附近的广大地区。近郊地区已呈现出和中心城区连绵发展态势。而且常住人口的空间分布也与建设用地变化情况呈正相关，大量集聚于以西郊为代表的城市近郊区。特别是规划实施在公共政策的供给上明显不足，比如，规划为确保中心城区“多心、开敞”的城市形态而划定了建设敏感区和城市楔形绿地，但由于缺乏具体的政策安排，此类城市生态空间在实施过程中被大量转化为城市建设用地，加剧了合理引导和调控城市结构

的难度。

自2004年，北京开始实施新一轮城市总体规划，规划也提出，着力发展两条发展带上的新城。但就实际情况，新城人口增长最快，但就业与居住人口分离严重，从北京各区县人口变化看，昌平区常住人口增长最快，10年间常住人口年均增长率达到10.4%；其次是大兴区和通州区，常住人口年均增长率分别为7.4%和5.8%，高于全市3.8%的年均增长率。同时，到2010年，北京人户分离人口为345.4万人，其中跨区县的人户分离人口182.8万人，占52.9%。就各区情况，丰台区、石景山区、昌平区和大兴区以跨区县的人户分离为主，这些地区居住的人户分离人口中，来自其他区县的占60%以上，其中，昌平区更是高达81.4%包括东城区、西城区、朝阳区和通州区，本区人户分离和跨区人户分离各占一半。可见，新城人口虽然有了大幅增长，但新增人口中，居住在本地、就业在城区的比例较大。这也使得部分新城成为“卧城”，就业与居住分离，增加了通勤流量，此外，由于产业未能较快向新城转移，新城仅仅作为居住地，造成了这些区域房地产开发过热。总之，虽然北京自20世纪90年代以来已经进入郊区化进程，但经过多年发展，单中心格局依然明显，多中心的城市格局尚未形成，在实施新一轮城市规划后，北京中心城区职能的分散，仅表现为人口开始向外分散（但规模也并不很大，而是大量新增人口在新城区和近郊区聚集），大规模的产业迁移尚未成为主流。

*专栏1*　**北京新城建设要着眼于京津冀城市群地区**

就目前看，北京新城建设既要着眼于疏解北京中心城区职能，同时，也要着眼于以北京为中心的京津冀城市群地区。不同于长三角地区各城市发展相对均衡，并形成梯次分工的格局，以北京为中心的京津冀城市群地区，各区域发展落差较大，就发展阶段看，目前北京处于后工业化阶段，天津处于工业化中期向后期过渡阶段，而河北大部分城市尚处于工业化起步阶段。

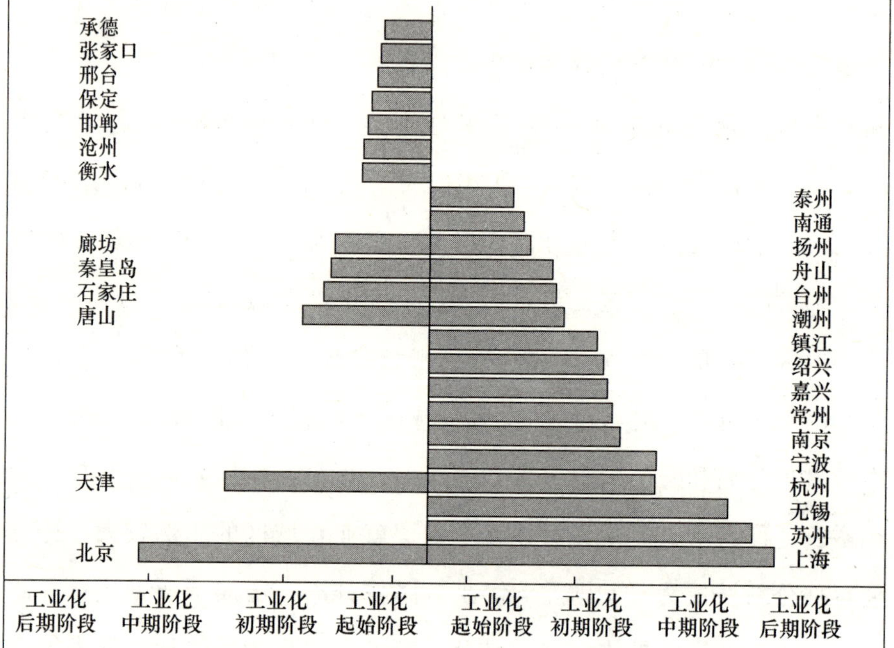


**图 5.2 京津冀城市群与长三角城市群各城市发展阶段对比**

北京新城建设要从区域总体发展出发，建设北京市与周边城市的都市圈，统一规划，注重产业分工与协作，特别是与周边天津以及河北省内部分城市的合作，形成产业链，避免产业竞争与重复。北京市周边地市要着力发展不同的特色产业，如农业、工业及旅游业等，从而形成北京市和地区的产业联系，避免北京市辖新城成为仅仅吸纳新增人口或容纳北京市区居住人口的“卧城”。

# 三、组团式城市的城市病及其发展面临的主要问题

## （一）国内部分组团式城市的特征及城市病状况

就国内城市发展看，多数城市属于单中心基础上发展而成，这与我国城市在发展过程中资源和要素配置受行政级别影响有一定关系。但也有城市各区域均衡发展的例子，特别是珠三角地区，而值得注意的是，这类城市发展的主体通常是我国行政管理体制上处于最低层次上的一级政府——镇（乡、街）政府。典型的城市如珠三角的东莞、中山以及佛山，在发展初期，这些区域内的各镇（街）在市场竞争机制作用下，独立均衡发展，属于自发式的、自下而上的城镇化模式，这些区域在发展到一定阶段后，虽然各区域间开始出现一定差异，但也未形成占绝对优势的区域。以这些城市的房地产市场为例，均属于相对封闭的市场，即城市内各镇（街）市场对其他镇（街）吸引力不大，以满足本区域人口居住需求为主，例如，佛山所辖的南海、顺德、禅城等区，房地产市场的融合程度低于10%。也就是说，各区的购房客户，仅有不足10%是其他区的客户。这也使得各区职住都较为平衡，减少区域之间的通勤。同时，各区又形成本区的中心，如禅城的亚艺中心、南海的千灯湖中心、顺德的德胜中心，各自相对封闭的形成自己的新城区。东莞所辖的28个镇街，除东城和南城作为城市新城区，具有一定的城市中心区特征外，其他各个镇街，相互之间几乎没有融合，房地产市场基本以本镇街内部需求为主。中山市更是没有主城区，房地产市场均是面向封闭的镇街内部。

由于这类组团式城市各区域相对封闭，区域间的通勤人口较少，

而且，这类区域产业以二产为主，人口就业与居住在空间上高度重合。因此，这类城市城市病相对较轻。

### （二）组团式城市城市中心不突出，影响城市竞争力

东莞、佛山、中山等自下而上发展的城市，区域发展较为均衡，在城市空间布局上，这类城市通常因势利导，提出组团式发展的格局，多组团的空间格局，虽然减少了通勤需求，实现了就业与居住的空间均衡，但也使得城市缺乏强有力的中心地区，而城市中心既是城市形象的重要展示区，也是现代服务业发展的主要承载区。因此，缺乏中心城区，在很大程度上制约了这类城市的形象塑造和功能提升，也直接影响到了城市的竞争力。

例如，佛山提出“2+5”组团格局，这些组团发展通常基于早期的专业镇经济，属于“自下而上”的城建模式。这种模式虽然调动了区镇的积极性，提高了当地市场资源的利用效率，但这种模式缺乏统筹规划，也不可避免地造成土地利用效率不高、中心城区的辐射力不强、镇街面貌较差的状况。目前，佛山也缺乏一个中心特征明确的组团。近年来，“广佛同城”快速推进，与国际性大都市广州紧密相连的佛山，其城市建设水平更无法与其经济地位以及区域地位相匹配，这也使得佛山竞争力受到削弱。与佛山类似，东莞下辖32个镇街，但缺乏高端商业区，城市的高端消费通常外流到广州、深圳。近年来，东莞也提出构建“一个中心、多个支点”的布局，重点打造东城和南城中心区。但相对于其实现产业转型升级、实现高水平崛起的目标，目前的城市中心功能还需要进一步强化和完善。

本章初稿执笔人：王大伟　苏　杨　王宇成

第六章

# 城市病的治本处方

基于第二章对未来我国城市病发展趋势的预测和第三章的制度成因分析，在借鉴国内外经验的基础上，以缓和大城市的“过度”集聚为目标，从制度性因素入手，可以开出城市病的治本“处方”①。

## 一、缓解城市病的处方及其与体制机制的关系

我国许多的大城市，采取了新城建设、限制人口流入、增加公共交通设施、车辆限行限购、建设郊区的新住宅区和保障房等措施作为缓解城市病的处方。这些处方是否有效？也需要分析其与体制机制的关系。

我国的城市病既具有与国际大城市的城市病成因类似的一般性，同时又受特殊的制度性因素影响，在引发城市病——将优质资源集中

① 考虑到我国的城市存在某些方面的管理体制和机制的差异，我们在本书的附件中还专门针对北京和深圳的城市病提出了带有个性化色彩的制度调整方案。

布局——加重城市病上形成了恶性循环。具体来说，在管理体制上，不同于国外城市（不分规模大小）具有较大自治权的特点，我国的城市存在严格的行政等级，城市在受本级政府管理的同时，还要受来自于上级政府及其部门的影响；同时，体制机制因素的“激励”使得大城市政府仍然热衷将优质资源集中布局，使城市病更为严重。如本书第二章所述，我国城市居住用地比重普遍偏低、城市功能过度集中、城市布局通常以单中心模式出现等问题，通常都与地方政府行为有关，而这些行为实际都是地方政府对现行制度的理性适应和反馈。这样，就必须从制度成因而非直接成因着手开处方。没有体制机制的统筹改革，即便地方政府强力推动多中心、组团式发展，而仅靠诸如规划引导下的新城建设、限制人口流入、增加公共交通设施、车辆限行限购、建设郊区的新住宅区和保障房等“头痛医头，脚痛医脚”的技术性手段和行政性手段，难以形成对老城区的强力分流，也难以缓解过度集聚，自然难以从根本上消除引致城市病的因素。因此，为应对日益严重的城市病，应着重从体制机制方面，逐步消除引发城市病的制度性因素，寻求城市病的治本处方。

消除制度性障碍就是通过体制机制变革，引导要素合理配置，促进人口集聚和经济集聚相互协调。目前，我国各类城市所采取的应对城市病的措施大致相同，但其效果不尽相同，这不仅与这些措施的力度有关，更与各城市所处的发展阶段以及管理体制机制等有关。如果粗略地将城市分为一线、二线、三线城市，这些城市在应对城市病的方式上，通过新区建设实现城市的组团式发展是一条重要经验。例如，通过新区建设，以政府机构、优质教育医疗等公共服务机构的搬迁为手段，引导人口分流，形成多中心或组团式的城市布局（在此，对部分地区超越发展阶段、不顾经济社会发展实际的“大跃进”新城

（区）建设不进行深入探讨[①]）。就目前的实际以及可行的经验看，对城市病严重的城市，以新区建设疏解中心城区功能，不失为一剂药方。但这个方子能否见效，仍取决于一系列体制机制因素的影响。

具体来说，我国的一线城市，正是城市病最为严重的城市（参见本书第二章），而这些城市通常都具备较高的行政层级，在现行管理体制下，各类优质公共资源通过行政手段在这些城市高度甚至过度集中，进而引发其他各类要素向这些城市非自然集聚。虽然各城市都制定了旨在疏解中心城区功能的规划，并采取了诸多措施以缓解和控制城市病，其交通设施投入不可谓不大，行政管理手段不可谓不严，新城建设不可谓不快；然而，由于体制未变，这些措施虽然有短时的疗效，却难以持续，甚至可能因为相关基础设施的改善加剧老城区人口的不合理流入，引发更为严重的城市病。因此，从体制机制方面看，要着力改变按行政等级配置公共资源（包括政府可掌握的公共财政和土地指标资源等）的方式，引导这些区域城市群发展，消除上下级政府对这些城市管理的干预，并提升这些城市规划管理机构的层次等。

对于部分二线城市，如多数省份的省会城市，其总体的城市病严重程度要低于一线城市。这类城市通常行政管理层级较高，在公共资源分配方面具有先天优势（近年来尤其体现在土地指标上，如部分省会城市新增建设用地指标甚至可占全省的50%，往往都高于其人口和经济占全省的比重）。因此，其新区建设通常较为超前，在城区密度增加的情况下，新城起到了缓解中心城区功能的作用，从而有助于这类城市在一定程度上减轻其城市病。但这样的新城建设要在缓解城市病上见效，还需要体制机制调整和发展形势的配合，否则也可能新城

① 新区建设要在综合评价老城区公共服务能力与人口规模匹配状况的基础上谨慎开展，避免以新城建设为由的“圈地运动”。

建起来、人流过不去，老城仍然不堪重负、人挤为患。例如，西南某省会城市，由于老城区布局局促、发展空间有限，早在十多年前就规划建设了新区，政府对新区建设也高度重视和支持，采取了政府机构和优质教育医疗机构整体搬迁的措施。但发展至今日，这种措施的效果却不大，老城的城市病日益加重，而面积大于老城区的新区人口仅约为老城区人口的1/10，基本没有起到人口分流作用。究其原因，是与新城区商业配套不足、生活不方便、就业容量小等有关。之所以出现如此状况，与财税体制、土地管理制度和上下级政府关系等体制性因素没有配套改革有关，这些因素又适逢我国2000年后房地产投资品化的畸形发展期，使地方政府在新城建设过程中，过于倚重房地产，忽视产业用地配置，使新区商业房产价格与老城区接近，但新城区单位土地面积的人流量远小于老城区，这使多数商户在相对高昂的店租压迫下举步维艰地经营，商户数量远小于新区规划人口（50万人）应有的配套数量，而商业不发达显著降低了新区的宜居性，这导致了人流的进一步减少，形成了恶性循环。这个例子充分说明，没有体制机制的统筹改革，即便地方政府强力推动多中心、组团式发展，也不一定能通过分流，缓解老城区的城市病。

对大多数三线城市而言，这类城市在管理层次上虽然不高，但城市管理较少受外来因素的影响（例如来自上级政府的行政干涉），其规划管理上相对更为自由，而这些城市多数仍处于经济资源集聚和人口集聚的过程中，增强经济活力是其政府的首要任务。在我国土地城镇化快于人口城镇化的大背景下，这类城市多数仍具有吸纳更多人口的条件。因此，加强其城市管理水平，并使体制机制处方开始发挥其对城市病的“治疗”作用，就能较好地应对城市病。

总之，无论哪一类城市，规划引导、新城建设，以及采取改善交通、限制人流车流等技术性和行政性措施能否发挥持久的效用，能否从根本上缓解和消除城市病，都有赖于城市病的体制机制“处方”持续发挥作用。因此，以下各节将针对各个制度成因给出治本的处方。

## 二、改革政绩考核体系

“政治路线确定之后，干部就是决定的因素”。[①] 显然，使领导干部转变观念和工作目标的制度是缓解城市病的首要抓手。一个时期以来，政绩考核体系已经受到社会各方面的高度关注。当某个领域发生比较突出的问题时，就会出现将该领域的绩效“纳入政绩考核体系”的呼声，诸如环境保护、安全生产、住房保障、食品安全、节能减排等领域皆是如此。实际上，已经有不少地方对政绩考核体系进行了调整，大方向是弱化经济增长指标，增加对影响科学发展目标实现的突出领域的指标。[②]

我们认为，对于政绩考核体系，在一定时期内继续进行这一方向的完善还是有必要的，这对于淡化 GDP 导向、引导城市政府贯彻落实以人为本、全面协调可持续的科学发展观可以产生一定效果。但同时也应认识到这种完善是有其自身的局限性的：没有被列入考核体系的领域会逐渐变成短板，其结果是不断将新的领域加入到考核体系当中，而当考核体系变得面面俱到的时候，考核体系也就丧失了可操作性和

① 引自 1938 年 10 月毛泽东同志在党的六届六中全会的报告：《中国共产党在民族战争中的地位》，《毛泽东选集》第二卷，人民出版社 1991 年版。

② 如安徽省 2007 年以来，多次调整市政府目标管理考核办法，突出对资源环境和人民生活等方面的考核。2011 年的考核指标体系由经济发展、发展方式转变、资源和环境保护、民生改善和社会建设四大类别构成，细化为 35 个具体指标。

作为激励手段的有效性。

从另外一个角度对政绩考核体系进行完善的尝试也在一些地方出现，具体而言就是将居民的满意度纳入政绩考核体系。如济南市于2008年4月出台了《关于健全推动科学发展促进社会和谐综合考核评价体系的意见》，新的考评体系突出实践标准，注重群众评价，强化民意指标，落实群众的知情权、参与权、表达权、监督权。作为济南市全年度考核工作的重要组成部分，“群众满意度”调查每年进行两次，分别在年中和年底进行，并按一定比例计入年度考评总分[①]。又如广东省于2011年10月公布了“幸福广东”指标体系，这一指标体系由客观指标和主观指标两部分构成，客观指标着重反映政府建设幸福广东的工作实绩，主观指标侧重反映人民群众的主观感受[②]。指标体系每年定期公布，并且相关指标考核将纳入广东政绩考核体系。

我们认为，将居民（城市常住人口）的满意度纳入政绩考核体系较之不断增加考核指标所涵盖的领域更加重要。有了来自居民的主观满意度指标进入考核体系，有助于城市政府以居民的实际需求为导向配置行政资源，注重解决居民所面临的突出民生问题，减少表面文章、面子工程和形象工程。

从长远看，强化对公权力的外部监督，才是更加根本性的解决之策。因为无论采取多么完善的政绩考核体系，依然是上级政府对下级政府自上而下的内部监督，带有不可避免的局限性。仅从上级政府与

① 调查主要采用电话访问的方式进行，由计算机随机拨号，所有电话号码全部是当地常住群众住宅电话，根据每个县（市）区和高新区的总户数的多少确定随机调查人数，有效调查样本最低不少于200个。

② 主观指标部分正式名称是“广东群众幸福感测评指标体系”，主要是反映群众对“幸福广东”建设实现程度的感受。以“对个人幸福程度总体评价”的总指标统领，涵盖个人发展、生活质量、精神生活、社会环境、社会公平、政府服务、生态环境等一级指标7个，下设二级指标35个。

下级政府之间存在的信息不对称这一点来看，就足以使自上而下的内部监督容易落空。温家宝总理在十一届全国人大第三次会议上所作的政府工作报告中指出，要“创造条件让人民批评政府、监督政府，同时充分发挥新闻舆论的监督作用，让权力在阳光下运行”。对于这个“创造条件”，我们认为一个比较现实的做法是，对人民代表大会制度进行改革，使其成为能够有效行使立法和监督职能的机构。对于人大代表的产生方式以及激励机制，进行合理的制度设计，使其有足够的动力汲取民意和对政府进行监督。

## 三、改革财税体制

根据前面从财税体制角度对“城市病”所作的成因分析，对财税体制的改革主要须从三个方面进行。

一是健全财力与事权相匹配的财政体制。合理界定中央与地方的事权和支出责任。在加快政府职能转变、明确政府和市场作用边界的基础上，按照法律规定、受益范围、成本效率、基层优先等原则，合理界定中央与地方的事权和支出责任，并逐步通过法律形式予以明确，力争首先在义务教育、公共卫生、公共安全、住房保障、社会保障等基本公共服务领域划清中央与地方的支出责任。同时，结合推进税制改革，按照税种属性和经济效率等基本原则，研究进一步理顺政府间收入划分，调动中央和地方的积极性。通过健全财力与事权相匹配的财政体制，为城市政府摆脱“土地财政”、摆脱依赖非规范化收入创造条件。

二是改革税制，摆脱过度依赖企业税收的税制结构。我国目前偏重于企业税收的税制结构，不仅造成地方政府将招商引资作为第一要务、“亲商”重于亲民的局面，也不利于调节收入分配、缩小贫富差距、减轻中小企业负担、稳定价格水平等多项重要政策目标的实现。从国际经验看，发达国家的税制结构的主要特征是以个人所得税、社会保障税和财产税作为三大主体税种。我国的现行税制结构已经落后于经济发展阶段的要求，迫切需要进行改革。改革的基本方向是：在适当降低宏观税负水平的前提下，减少间接税，增加直接税；减少来自于企业缴纳的税，增加来自于居民缴纳的税。具体措施包括：第一，继续推进增值税“扩围”和转型，即以增值税取代营业税，以消费型增值税取代生产型增值税，以解决部分商品和劳务的重复征税和税负水平过高的问题。第二，适当提高个人所得税比重，完善代扣代缴制度，建立健全个人收入信息管理机制。第三，进一步推进房地产税制改革工作，积极创造条件，推出财产税性质的新型房地产税。第四，开征部分新税种，如遗产税、赠与税等。

三是改革征地制度，为“土地财政”釜底抽薪。改革的基本方向是：国家严格限制征地的范围、规模和程序；政府按照市场价格补偿征地；开放建设用地一级市场，允许农民的集体土地所有权入市交易。通俗地说，就是不让城市政府通过征地赚钱，这样“土地财政”现象自然也就消失了。具体措施包括：严格界定公益性和经营性建设用地，在此基础上，对于经营性建设用地的土地取得，政府在保证土地利用规划的权威的前提下，只起中介、见证和监督的作用，给出让土地的农民集体以谈判权。对于公益性用地，由政府出面征购，但价格应参考市场评估价确定。同时，应尽快建立和完善土地基准价格评估体系，以评估价格作为土地市场交易和政府征购价格的参照基准。

通过上述的这样一些措施，使城市政府改变过度依赖于土地财政、过度依赖企业税收的格局，更加有积极性改善城市的宜居程度，从而有利于“城市病”的缓解。

## 四、改革土地管理制度

根据前面从土地管理制度角度对“城市病”所作的成因分析，对土地管理制度的改革主要应包括以下三个方面。

一是理顺产权关系，实现城乡土地产权平等。按照各种产权主体在法律面前都具有平等地位的宪法原则和任何产权市场交易主体均应是平等的民事主体的原则，第一，应理顺国家土地所有权与集体土地所有权的关系。改变两种土地所有权法律地位不平等的现状，赋予集体土地所有权以完全的权能。第二，理顺土地所有权与其他土地权利的关系。在不动摇土地所有权基础地位的前提下，强化对其他土地权利人合法权益保护的法律制度。第三，理顺土地管理权力与土地财产权利的关系。土地管理权力是指服务于国家和社会土地利用公共目标的公权力。尽管市场经济体制亦承认和尊重“公权优于私权”，但公权亦不能无偿侵占私权合法的财产权益。要明确规范土地管理公权力存在和行使的范围和程序等，理顺权力与权利的关系，约束公权力按法定权限和程序行使，不能随意动用公权力侵犯私权利；当行使公权力给私权利人的财产权益带来损失时，应给予合理的补偿。同时，当公权力人作为土地所有者代表进行产权交易时，应以权利人，而不是以权力人的身份出现，应与其他土地权利人一样，遵守公平、公正、公开和依法、自愿、有偿以及诚实守信等市场交易规则。

二是尊重农民的财产权利，建立公开、公正的征地程序。一些市场经济国家在政府取得土地的过程中，原土地的权利人有权参与全过程，拥有充分的知情权、参与权，对土地赔偿等问题的争议，可以协商、申述直至由法院仲裁。一些地区在征地工作实践中，结合本地实际情况，在征地程序方面已进行了有益的探索，值得借鉴。征地程序可以改为"申请征地——预公告——协商补偿安置——报批——审查批准——公告——实施补偿安置——供地"。

建议国家建立征地纠纷的司法裁决机制。对集体土地所有者提出的征地不合法、补偿不合理、安置不落实等问题，由司法机关按照司法程序解决征地纠纷，尽可能地减少政府对征地纠纷裁决的参与。对政府征地违法行为，农民可以寻求司法救济，申请国家赔偿。通过加强执法、加大司法裁决力度，既有力保障公共利益征地能够顺利进行，维护国家利益，同时又有效保护被征地农民的合法权益不受侵犯，维护社会稳定。

三是打破政府垄断建设用地一级市场的格局。建立集体建设用地进入市场的相关规则，从而建立城乡统一的建设用地交易市场，让两种不同所有制的土地在同样严格遵守规划和用途管制的前提下，实现同地、同价、同权。

这些措施将使城市政府丧失圈地卖地、赚取不平等的地权造成的差价的制度基础，有利于平抑地价、减少对城市发展秩序的扰动、减少大拆大建，从而有利于"城市病"的缓解。

## 五、改革规划管理体制

针对规划管理体制目前存在的突出问题，建议从以下几个方面着手进行改进。

一是改革规划管理方式，强化规划的权威性。在大城市建立规划审议会或城市规划委员会制度，审议会成员由专家学者和利益相关方代表组成，城市规划和土地利用规划的编制和修编均须经审议会审议通过。严格控制城市总体规划和土地利用总体规划的修改，凡涉及改变开发强度、土地利用方向、规模、重大布局等原则性修改，必须经同级人民代表大会审议通过后，报原批准机关批准。

二是改革规划的内容和编制方法，提高规划的时效性。现行的总体规划内容过多，编制审批周期过长，往往批准下来之时，城市发展已是另一番新的面貌。改革城市总体规划，主要是简化规划内容，缩短审批周期。主要解决好城市发展的重大战略问题，主要包括城市的性质、规模、布局等关系城市长远发展的大问题。那些相对细节的内容，则交给控制性详细规划或“法定图则”来加以规定。

三是完善规划制定中的公众参与。党的十七大报告指出，要“增强决策透明度和公众参与度，制定与群众利益密切相关的法律法规和公共政策原则上要公开听取意见”。城市规划具有政治性、社会性、公益性特征，与居民的切身利益密切相关，强化规划制定过程中的公众参与十分必要。公众参与城市规划既是解决我国当前社会转型中城市发展中的各种深层次矛盾的有效方法，也是解决我国城市规划长期以来缺少权威性、随领导意志而随意改变的有效途径。如果公众参与规划作为必经程序建立起来，就意味着规划的制定和修改过程都是公开的，并要经过公众讨论，领导要随意改变就比较难了。而经过公众广泛讨论的规划会更有权威性，实施起来也更容易得到支持。借鉴相关的国内外经验，城市规划的公众参与应当包括：在规划的基本方针或初稿完成后举办说明会向公众进行说明解释；设定一定的公示期间征询公众意见；吸收公众意见对初稿进行修改形成正式的征求意见稿，并说明对公众意见的采纳情况；再次进行公示并征询公众意见；完成规划并经规划审议会审议通过，经人大批准后公布实施，公众可以随时对规划的实施情况进行监督并向规划管理部门进行质询。

## 六、在若干方面调整上下级政府关系

根据在“城市病”的体制性成因分析部分对上下级政府关系存在问题的分析，建议从以下三个方面着手对上下级政府关系尤其是中央地方政府关系进行调整。

一是建立规范的财政转移支付制度。尽快制定《财政转移支付法》，实现财政转移支付规则的公开化和透明化，增强其权威性。同时，提高一般性转移支付的比重，降低专项转移支付的比重。通过财政转移支付的法制化，减少财政转移支付中的人治色彩，避免地方政府的“跑部钱进”和“讨价还价”现象。

二是提高城市与其上级政府之间权责划分的法制化程度。目前，我国缺乏统一的政府间关系基本法律，宪法、组织法、预算法和部门法对各级政府职责权限划分的规定比较原则笼统，有关法律法规之间存在诸多相互冲突或脱节之处。由于职责权限边界不清，客观上也易于导致政府间公共服务的责任下移、财权上移的问题。应根据依法治国、依法行政的原则，通过立法对各级政府的权限划分做出正式法律界定，使各级政府行使权力有明确的法律依据或授权。短期内可通过部门法或单项立法加以调整和规范，在条件成熟时可制定一部有关政府间关系的基本法律，为理顺政府间关系提供法律保障。

三是在明确政府间权责划分的基础上，实行城市规划建设活动的属地管理原则。城市规划的主要对象内容是城市的公共基础设施、公用事业、公共交通等地方性公共服务，而这些基本上都属于地方事权。虽然城市中会有一定数量的上一级政府的办公楼及其他公用设施存在，但这些设施仍然需要城市政府提供的基础设施为其服务，因此也需要置于城市的总体规划管理之下。而且，从中央集权走向地方分权，也是国际上城市规划领域的总体趋势[①]。实际上，早在1997年年末，中央领导同志视察“北京市区中心地区控制性详细规划汇报展”时就指出：“控规”确定后，包括中央国家机关、驻京部队都要严格按规划办事，严格遵守规划，要依法建市[②]。真正做到这一点，就可以消除城市规划管理中的“真空地带”，提高城市的规划管理水平。

本章执笔人：林家彬　苏　杨

---

① 谭纵波：《从中央集权走向地方分权——日本城市规划事权的演变与启示》，《国际城市规划》，2008年第02期。

② 《加强城市规划，依法建设首都——中央领导同志视察“北京市区中心地区控制性详细规划汇报展”》，《北京规划建设》，1998年第01期。

附件一

# 三个典型城市的城市病特点及成因对比

## ——从体制机制角度出发的考察

本书正文中对城市病的描述及其成因分析，主要叙述观点，间或辅以例证。不过，我国的城市病已波及方方面面且在不同的城市还有大同之外的小异，值得详细描述并进行对比总结；另外，从管理体制机制角度而言，我国的大城市中还存在差别，将其分类并选择典型城市，提出的对策更有针对性。

## 一、城市分类和代表城市选择依据

从体制机制角度而言，可以主要从政治体制因素影响大小上对患有城市病的类型进行分类。以四个一线城市为例，两极分别是北京和深圳，其他城市在这条线轴上。北京更多体现了体制因素（中央地方关系较难处理，市政府管理权限有限），上海、广州介于二者之间。在具体选取案例城市时，兼顾合理性与可行性，我们选取了北京、上海、深圳三个城市作为代表，选择依据如下。

### （一）合理性方面的考虑

（1）就本研究所聚焦的四方面城市病来说，在这三个城市中均有较为典型的体现，这就方便了我们对其各自特点进行对比，找出相似和不同之处，进而可以探究出其背后体制机制的作用和问题，为提出相应对策做铺垫。

（2）案例研究所选取的三个城市的城市化率和经济发展水平较高，在我国城市体系中处于领先和代表性的位置，随着经济和社会的发展，未来我国将有诸多城市将会遇到它们现在所面临的问题。以这三个城市作为代表进行研究，可以体现研究的前瞻性，为我国其他城市提供经验和借鉴，避免它们出现类似的问题。

（3）案例研究所选取的三个城市在面临着同样或者相似问题的同时，在相关的管理体制机制方面却不尽相同，且这些体制机制因素对城市病的影响程度存在较为明显的差别，对这些不同和差别进行比较和分析，我们就能找出体制机制方面的不当或值得推广之处，进而针对性地提出相应的改进对策。以北京为例，作为首都，北京市是全国的政治文化中心，承担着其他城市所不具有的一些功能，大量中央单位集聚在此，这些中央单位掌握着巨大的资源和权力却基本不受北京市政府管制，这就使得北京市在规划和日常管理方面不得不考虑它们的需求和利益，很难从整体和全局上进行统筹和协调工作，也就是说北京在体制机制方面的障碍是最大的；深圳作为经济特区，是新兴城市的代表，也是三类城市中最易于统筹规划管理的，体制机制因素对其影响力最大，而且深圳虽然初步实现了多中心发展，但是却仍然存在着严重的城市病，如流动人口很难融入到城市当中，城市的总体发展质量不高等。另外，深圳这个案例的研究也有利于回答一些关键问题：如一个大城市能否实现多中心发展？多中心是否必然能够避免城市病？大都市和都市圈发展的关系及其对城市病的影响等。

### （二）可行性方面的考虑

案例研究所选取的三个城市都有着较高的城市化率和经济发展水平，每个城市都有着长期的城市病病史，且居民在相关调查中都反映了对四类城市病不同的感受。而且，这三个城市的相关决策咨询机构都愿意提供相关数据并安排相关部门座谈。这些，使得案例研究有据可查、有据可依。

## 二、三个城市城市病特点的对比及成因说明

三个城市的城市病表现存在小异，导致城市病的直接成因亦然，可用附表1进行概括总结。

**附表1　北京、上海、深圳三市"城市病"特点对比**

| | 人口拥挤 | 交通拥堵 | 环境污染 | 住房困难 | 对问题直接成因的简要说明 |
|---|---|---|---|---|---|
| 北京 | ①总量较大，增长速度较快；②老龄化较为严重；流动人口比例较高；③分布很不均衡，建成区人口密度很高；④人口素质相对较高，大量低端流动人口大多分布在城乡结合部 | ①拥堵集中体现在中心城区和中心城区与居住区的干道，呈现向心式、潮汐式通勤时间段拥堵；②天灾人祸承受力差；③停车等规划不好，静态交通问题加剧拥堵 | ①空气污染较重，首要污染物为可吸入颗粒物，$NO_x$污染也较严重；大气污染呈现复合型、压缩型特征；②地表水污染严重，水资源短缺；③垃圾围城 | ①房价过高，相当数量常住人口的基本住房需求得不到满足；②农民工和蚁族群体的住房基本没有政策保障 | 人口拥挤及交通拥堵成因的说明：①北京的产业规模很大，就业容量很大，且有高端就业资源集中的优势；②优质公共服务方面的优势；③单中心布局；④产城发展不同步、远郊区县难以自成功能组团<br>环境污染成因的说明：①产业政策不当，经济规模过大且布局不合理；②向心式集中的过大的机动车流量<br>住房困难成因的说明：①住房保障力度不够且土地指标考虑居住用地不够；②城市规划不当，除亦庄外的大多数新区都没有发展成功能完整、自成体系的功能组团 |
| 上海 | ①人口"老龄化"和"少子化"并存，还面临着"空巢化"的挑战；②建成区人口密度最高；③人口圈层分布特征明显，城郊人口密度差异巨大，还有着较大的吸纳人口空间 | ①上下班高峰交通出行的潮汐现象较明显，但好于北京且明显在浦东形成另一个交通聚集极；②远郊区县内部交通畅通但进城主干道拥堵；③机动车管理较好，机动车总量和流量明显小于北京 | ①水污染严重，"水质性缺水城市"；②复合型大气污染；③酸雨严重 | ①改善住房的需求还很旺盛；②高房价使大多数家庭难以承受；③流动人口的住房没有保障，且远郊区县也不愿意接纳外来农民工居家迁移 | 人口拥挤成因的说明：①是长三角地区的优质资源集聚极，各类资源在中心城区集聚程度很高；②历史存量过大，但远郊区县获得优质就业和公共服务资源仍然较难，人口难以疏散<br>交通拥堵和环境污染成因的说明：①能源结构以煤为主、产业结构偏重等导致资源消耗和污染排放仍处于高位；②工业企业数量众多、布局不合理；③单位平方公里的车流密度过高 |

**续表**

| | 人口拥挤 | 交通拥堵 | 环境污染 | 住房困难 | 对问题直接成因的简要说明 |
|---|---|---|---|---|---|
| 深圳 | ①移民城市，户籍、流动人口严重倒挂；②分布较为均衡，呈现围绕产业聚集的局面；③人口年龄结构优势明显，但对居住区配套服务的要求较高 | ①跨关交通潮汐特征明显；②局部拥堵，但拥堵状况显著好于北京、上海 | ①空气污染中等，但霾天气常常出现；②地表水污染较为严重 | 新居民获得保障房的障碍相对较少，但因为人口比例倒挂严重，常住人口人均住房面积在三个城市中最低 | 人口拥挤成因的说明：①人口的结构、分布均与产业高度相关；②可用地较少<br>环境污染成因的说明：①大量制造业企业集聚，对于环境压力较大；②环境管理水平不高；③受周边城市影响严重<br>住房困难的成因的说明：人为设置诸多制度性障碍，流动人口市民化非常困难 |

本部分执笔人：党华举

附件一

# 北京的城市病及其体制机制成因

本部分以北京市为案例，总结北京市四类城市病的具体表现，然后分析其体制性根源，从而为相关体制与北京类似的城市政府“对症下药”提供借鉴。

## 一、北京的城市病的主要表现

从公众感觉而言，北京是我国四类城市病最典型的城市，其具体情况如下。

### （一）人口无序快速增加使城市过于拥挤

尽管北京的人口规模早就超过理论而言的大城市规模效益的上限，但还在快速增长，且这十多年来，北京的常住人口数量增长可用“失控”概括。

(1) 快速增长。北京市人口计生委的资料显示，“十五”期间，北京市每年平均增加约35万人；进入“十一五”以来，人口总量增长迅猛，平均每年增加50多万人。增加的人口中，超过70%是流动人口。

（2）失控。这种幅度的人口增加，从政府管理角度而言是无序的，因为北京的人口规模总是提前超过相关发展规划设的上限：“二五”计划提出北京城市人口不超过480万人；“六五”计划提出在1985年将常住人口控制在840万人左右；20世纪80年代初提出，任何时候都不要超过1000万人；20世纪90年代初提出到2010年将常住户籍人口控制在1250万人左右。第五次全国人口普查结果显示，2000年北京市实际常住人口达到1382万人。北京市城市规划提出到2020年的常住人口控制在1800万；第六次全国人口普查数据是1961万。总之，北京市人口控制目标从没有实现过，每次人口规模控制目标都是“屡设屡破”。

在这样的人口规模基数上还有这样高的人口增速，且大多集中在中心城区，北京自然成为人口拥挤之城。

## （二）堵车成为北京交通的“常态”

交通堵塞是最直观、最直感的城市病，这在现阶段的北京尤为突出，首都也因此被人们戏称为“首堵”。

北京市交通拥堵经历了一个从“点”到“线”到“面”的拓展过程。20世纪80年代，北京偶有堵车；20世纪90年代，北京在某些路段、某些时间段会经常堵车；进入21世纪，北京不堵车可能成为新闻。据北京交通委的有关资料，北京早高峰路网小汽车平均速度为24.2公里/小时，晚高峰为22公里/小时，还有下降的趋势。这种平均速度还可能因为偶发事件或天气而难以保证：近10年来，因为雨雪或施工引发全城交通瘫痪的事件不止一起，2001年12月7日的一场小雪引发全城交通瘫痪已经成为城市病的经典案例。

### （三）城市环境质量差引发大范围民怨

与北京“首堵”之称相映成趣的是“霾都”——北京市雾霾天气中的大气环境质量是最近几年市民意见集中的重要领域。

理性角度而言、纵向来看，北京市的环境质量是有所好转的，只不过这种好转没有跟上人民群众对环境质量要求的提高。北京市的污染治理力度这十几年来一直在加大：从1998年开始，北京以迎接“绿色奥运”为契机，先后进行了14个阶段、实施200多项治理措施，诸如工业污染治理、环境综合整治、改变能源结构等，环境质量有所改善；水系治理、绿化美化建设、拆除违章建筑等治理成果尤其令人振奋；还不惜代价，调整了产业结构，甚至搬迁了首钢。在机动车尾气污染方面，北京市也采取了提前执行机动车排放标准，对加油站、油库等进行油气回收治理，更新老旧公交车等措施。即便如此，庞大的产业规模和机动车规模使得污染物排放规模仍然超过环境容量，加之北京地形和气象导致的自然净化能力弱，使北京的环境状况仍然不尽如人意：二氧化硫、可吸入颗粒物等大气主要污染物的年均浓度是伦敦、纽约、东京的四倍以上。

另外，北京还形成了垃圾围城的局面。2009年，北京日产垃圾183万吨，而处理设施建设速度赶不上垃圾增长的要求，处理设施仅127万吨，处于长期超负荷运转状态。居民生活垃圾产生量多导致的城市周边的“垃圾七环”一直是令主管部门头痛的事情。

### （四）住房和基础设施供应与居民需求相去甚远

住房困难是我国大城市的通病，基础设施建设跟不上城市发展和群众要求提高也是通病。

房地产是我国大城市最近10年发展的重要引擎，在房地产发展中，北京多数居民的住房条件相对有所改善，但总体仍然水平不高：2009年，北京城镇居民人均住宅建筑面积28.2平方米，低于纽约、伦敦等与北京相近的大城市人均35平方米的水平。而且，还有数以百万计的农民工和“蚁族”群体的最基本住房要求没有满足，迄今为止出台的各项保障房政策也还基本未能惠及这部分人群。

另外，北京市的某些基础设施建设滞后于城市发展需要，这是最近两年民怨集中所在。北京城市地表建筑物日新月异，但配套设施建设相对滞后。例如，北京中心城区的排水管网最早的设施还是明代的，而更新面临诸多问题。有些管网虽然已经老化，但管网上边有新的建筑群无法拆迁，老旧城区胡同进不去，使得老旧管网的改造十分困难，只能采取“打补丁”的做法，发现一处补一处。又因为城市建设项目审批周期长，项目建设需要时间，导致排水系统建设滞后，一旦出现暴雨，北京的一些地方就会被水淹，甚至由此引发交通瘫痪。

## 二、从体制机制角度具体分析北京的城市病成因

北京的城市病的直接成因与全国各个大城市相仿。但如本书第二章和附件一所述，北京的城市管理体制机制有其特殊性，所以北京的城市病从体制机制角度来看也有特殊性。

### （一）中央和地方政府同城的管理体制不利于城市病治理

处理好同城的上下级政府之间的关系，对提高城市管理水平十分

重要，但我国这方面有“督抚同城无善治”的传统，北京的情况也类似且由于上级政府是中央政府而更甚：北京存在着中央政府和市政府责任和事权不对等的问题。中央政府及其部门可以给北京市提要求，但对北京市的城市建设和管理并不承担相应的责任，且北京市政府难以统一规划和统筹安排属于中央政府各部门的资源。与城市病有关的两级政府管理体制的影响表现在规划、人口规模、产业发展以及各项工作中。

增加规划实施和交通拥堵解决的难度。与其他大城市一样，北京市的总体规划由国务院讨论批准，以便确定未来的发展蓝图。无疑，从北京市历次的总体规划看，无论是城市建设、人口规模、产业结构、环境保护等等，都有统筹的考虑和安排。另一方面，由于双重管理体制的存在，使得总体规划的实施结果与预期相去甚远，无论是建筑物、旧城改造、道路建设，还是人口规模、产业结构等，无一例外。例如，旧城改造和道路建设在一些中央和军队所属的单位大院附近无法进行。双重管理机构的存在，对交通拥堵的影响更是毋庸置疑的。例如，“跑部前进”虽然增加了服务业需求，为北京的服务业发展和产业结构升级创造了条件，但随之也带来了节日交通拥堵等问题。而且，许多活动的突发性，导致难以预先做出计划安排，增加了管理的难度。

政策和工作连续性差。我国特定的体制机制和制度设计，在城市建设和管理中往往有管理思路、方式乃至政策因人事变动不衔接的问题。一些投资或政策的连续性较差，由此留下“半拉子工程”，不仅影响城市形象，也增加交通拥堵的概率。与此同时，后任领导不做前任领导没有做完的事情（“不擦屁股”），一些项目因此出现不可持续问题，一些环境保护治理工程并没有达到预期目标。最典型的当属生活垃圾填埋场的建设。2009 年，由北京先出现的因规划垃圾用地变更建设小区、周围群众不满附近建设垃圾填埋场而爆发了“垃圾危机”，并蔓延到全国30个城市。由此不难发现，一些城市由“城市病”诱发的群体性事件，其解决需要从理顺体制机制着手。

两级政府同城，在许多省会城市也存在。再往下推演，还可以有市、县级政府同城乃至县（市）、镇政府同城现象。处理好同城共存的多级政府关系，可以优化配置资源，加快城市发展。否则，会加剧“城市病”的发生程度和频率。

### （二）多头管理导致资源和行政效率不高

从北京市政府部门的公共管理和公共服务考察，也存在多头管理问题。例如，人口统计就是这样。北京市与人口管理和服务相关的部门众多，主要有：统计局、人口计生委、公安局、人力资源和社会保障局、流动人口管理办公室等。由于各部门的管理目标和工作重点并不一致，掌握的数据和提出的决策建议侧重点不同，使市政府难以把握全市人口的真正规模和分布情况，相关公共服务资源也无法做到按需配置，发生基础设施“供不应求”导致的城市病也就不足为怪了[①]。又如，地下管线是生命线，也是城市安全与繁荣的基础，但北京市地下管线建设和管理却各自为政。有关研究表明，北京地下管网线路涉及23个部门，哪儿有管网线路、属于哪种类型的管线，没有一个部门能说得清楚。对这些管网线路的维修、管理等，也是谁想干什么就干什么，由此导致“拉链马路”经常出现。在北京，早期的地下管线不多，只有自来水、污水管道，而后种类逐步增多，现在覆盖了上水、下水、中水、电话、电力、路灯、光缆、通讯、信号、煤气、天然气、热力网等类型，分别由

① 如本书第二章引为例证的北京清河地区污水处理厂扩建规模跟不上人口规模。

自来水公司、污水管理处、燃气公司、热电厂、电信公司、电力公司、部队和各工矿企业等几十个单位建设和管理。由于缺少统一的管理部门，地下管线没有城建档案资料，家底不清，加上各部门已有的管线档案不共享，除马路经常被开挖、工程延期外，也屡屡造成建设过程中挖断管线的事故。一旦出现“生命线”事故，应急能力又较差，其结果必然要增加城市病的影响范围，也会加深危害程度。

总之，职能分散，条块分割，相关社会服务网络组织体系建设尚不完善，服务管理法规不健全，政策协调、信息共享、综合决策、区域合作等方面的机制尚未形成，人口规划与产业发展、空间布局、土地利用、基础设施建设、公共服务等有效衔接不够等，增加城市病的发生频率，制约首都北京的可持续发展。

### （三）领导干部政绩考核机制诱发“急功近利”行为

在现行政治体制作用之下，政绩考核体系在很大程度上决定着城市发展的进程和结果。从某种程度上说，指标导向非常重要。在国务院批复《北京城市总体规划（2004～2020）》后，北京市委市政府于2005年制定了区县功能定位及评价指标体系，并列入了对区县领导班子的绩效考核。北京市在2005年制定出台了《关于区县功能定位及评价指标的指导意见》与《经济和社会协调发展绩效考核评估体系》，将地区资源利用和消耗及外来人口管理、城市人居环境等指标纳入区县领导干部政绩考核中。由于这些指标的约束性不够，需要进一步优化，并加大规划指标的约束力。要转变执政理念，考核经济增长的质量而不仅仅是数量，用单位GDP能耗、单位GDP水耗、单位GDP污染排放、人均GDP以及单位面积产出的经济量等，作为评价一个地区、一个国家经济增长质量的主要体系。同时，要增加宜居和民生等方面的指标，以引导北京区县的科学发展。

工程建设中的短期行为。虽然中央政府确立了科学的发展观和正确的政绩观，但在实践中，形象工程、政绩工程在一些地方的工作中仍然有较大的市场，城市建设又是形象和政绩的集中表现。一些干部走马上任之后，便在“改变城市面貌”上动脑筋。这种GDP导向的考核体系和政绩观是一个无形的指挥棒，引导每届政府官员，优先选择“看得见、摸得着、能上镜”的项目加以实施，以期在最短的时间内做出政绩。从全国范围看，在GDP指挥棒的吸引下，“一个书记一条街，一任县长一座城”的现象仍然相当有市场，一些官员忽略了社会的公正、环境的代价、资源的合理有序开发、收入分配的公平以及人民的幸福感。北京市区县开发建设中也存在类似问题。少数人不从当地当时的实际出发，好大喜功，贪大求洋，急功近利，在城市建设的决策中，缺乏长远发展的目光和考量，杀鸡取卵，竭泽而渔，难免给城市建设留下“败笔”。

### （四）规划制定的社会参与不够且规划实施机制无力

从新中国建国后一直到2005年，北京的城市规划曾经在指导思想上出现过重大偏差，这种重大偏差直接与规划制定中社会参与不够、长官意志盛行有关。在经过各种尝试后，北京市的城市发展规划终于在2005年“历史性”地把交通问题与城市的空间布局联系起来了。之所以称其为“历史性”，还是源于半个世纪前北京城市规划界的那场著名的争论。建筑学家梁思成、陈占祥1950年2月提出著名的“梁陈方案”，建议在北京古城以西的公主坟与月坛之间建设行政中心区，避免在古城内大兴土木，并推动全市的平衡发展。梁、陈在建议书中写道，他们所提方案的目的并不仅仅是为保存北京古城以内的文物，还有为实现工作人员近距离居住与就业方面的考虑，只有实现了工作与就业的近距离平衡，才可减低城内过高的人口密度、保持街道正常的交通量。当时北京古城内的人口已逾百万，密度已经偏高，如果将大量办公设施置于其中，不但于名城保护本身不利，还将导致大量人口外迁，而这些人口为解决就业问题，又必须早晚往返于城郊之间，使交通设施不堪重负。要避免这样的问题出现，就应该将城市新的就业功能集中在新城区建设，周围配备足够的住宅，以最大限度地减少跨区域交通的发生，防止交通拥堵。可是，梁、陈二位的建议在当时复杂的历史环境下未得到采纳。在苏联专家的指导下，一个改造北京古城的计划被提出，新北京被确定在老北京上面建设。1982 年，《北京城市建设总体规划方案》被批准施行，其方针仍是“以旧城为中心，向四周扩建”进行“摊大饼”，北京从此失去了最后一次重新考虑规划模式的机会。在随后 20 多年来的经济发展中，特别是在近 10 年来北京的房地产开发热潮中，古城区开始被成片成片地大规模拆除，取而代之的是大量的商务、商业办公设施。老北京被严重损毁之际，梁、陈的预言也不幸被印证了：由于城市的就业功能过度集中在以老城为中心的地区，郊区人口必须早晚如潮水般地进出城上下班。目前北京郊区已出现了望京、回龙观、天通苑等数个可容 30 万人口左右的社区以及通州、大兴等已与中心城区接壤的新城，这样的规模在发达国家就是一个中心城市了，可是由于这些新城区功能不完善，就业、教育、医疗乃至一些商业服务仍然在很大程度上需要依托中心城区，这些“卧城”已成为了北京交通拥堵的“策源地”。目前，北京城六区集中了全市 60% 以上的人口和 75% 的国民生产总值，摊大饼式的城市发展格局还没有得到有效的遏制。新建城区、特别是区县新建城区的综合功能尚显不足，产业与居住环境脱节的状况比较普遍，难以有效发挥城市总体规划中提出的聚集新的产业、疏解中心城区人口和功能、带动区域发展的作用。

而且，即便思路正确的规划制定后，规划实施的机制也不健全，也难保证城市按照规划来发展。例如，2005 年 1 月《北京城市总体规划（2004 ~ 2020）》获得国务院批复，提出整体保护旧城、重点发展新城、调整城市结构的战略目标，力图通过全市的平衡发展，变单中心为多中心，扭转城郊之间发生大规模通勤交通的局面。然而，新版总体规划被批准之后，大规模的城市建设并未在中心城内停歇，新城也没有发展成功能完整的组团[①]。这不仅是因为中央单位的扩建难以被规划约束，还因为这个规划本身缺少约束性指标、也没有与领导干部政绩考核挂钩、更没有相关责任人惩罚措施。这些方面的不足，使北京市的相关建设规划的约束力不足，常常变成参考材料。

## 三、相关体制机制调整建议

从体制机制角度提出缓解北京城市病的对策，必须认识到北京在政治和经济两方面的特殊性：①政治上的特殊性。北京的发展从来就不是单纯的经济问题，而是牵涉众多复杂的政治考虑，且有大量的中央部委和军队所属资源是北京市政府无力调控的，这就使北京的规划体制等调整的作用受限。②经济上的特殊性。北京当初利用政治优势

① 自 1993 年北京确定了 14 个卫星城、29 个中心镇和 140 多个建制镇的发展布局，计划将产业功能和人口向卫星城分流。但城市群、城市圈尚未形成，卫星城难以发挥作用。最明显的例子是通州新城成了著名的“卧城”。不但人口问题没有解决，居住在通州的人口到城中心上班，反倒加剧了城市交通拥堵。

发展而成的经济中心地位已基本固化。与长三角、珠三角有连片的较发达城市群不同，北京在中国北方一城独大，而邻近的从地缘上更适合作北方经济中心的天津，经济总量远被北京甩下。河北石家庄等城市，经济则更为落后。此外，北京的央企总部、金融企业总部的地位也仍然稳固。在北方，少有城市能分担北京的人口。

尽管北京已经采取了若干措施，例如，北京重新规划布局医疗资源，拟按人口设医院数量，远郊区县按人口设置三级医院、根据当地居民疾病谱建立专科医院、构建层级转诊格局。具体措施为：①按人口设医院数量。着力推进优质医疗资源向郊区、新城和资源薄弱地区转移。按北京市新版医疗资源的设置规划，在新城区内，每30万人~50万人的区域就需建立一个公立的非营利性区域医疗中心。以实际居住人口有200万人左右的大兴区为例，至少应再有两三家大医院；②按疾病谱确定医院。为改变目前盲目就医、大病小病都扎堆大医院的现状，在新版医疗资源结构调整中，还将推动中间性医疗服务资源即康复院和护理院的发展；促进具有良好技术资源的民营专科性医疗机构发展，满足不同层次的群众就医需求；③大医院禁盲目扩建。已确定的优质医疗资源转移的方式包括名院办分院、整体搬迁、对口合作和本地升级等多种形式。按照计划，北京市将在加快11个郊区县区域医疗中心建设的同时，实施天坛医院、北京口腔医院迁建等项目。但没有体制机制的保障，这些措施可能独木难支且没有持续性。这种情况下，北京市在体制机制方面的调整只能“有限作为、确保可行”。具体来说，主要从规划实施机制、领导干部政绩考核制度和转移支付制度等方面调整（其他方面的制度调整可行性不强）。

1. 规划实施机制的调整

目前来看，北京市的相关规划已经转变了观念，明确了多中心发展、优质资源均等化的思路。但如果不从改革规划管理方式、强化规划的权威性和完善规划制定和实施中的公众参与等方面加强制度建设，规划的效果就会大打折扣。建议人大赋予首都规划委员会监督考核职能，由其监督各单位落实规划的情况，并严格控制城市总体规划和土地利用总体规划的修改，凡涉及改变开发强度、土地利用方向、规模、重大布局等原则性修改，必须经同级人民代表大会审议通过后，报原批准机关批准。同时，还应作出相关规定，完善规划实施中的公众参与：公众可以随时对规划的实施情况进行监督并向首都规划委员会反映，首都规划委员会在核实问题后可以利用其监督考核职能规范相关职能部门或单位的行为。

2. 调整领导干部政绩考核制度

北京要实现多中心发展，就必须改变领导干部政绩考核中的 GDP 导向，促进郊县形成差异化发展，促进优质就业和公共服务资源均等化。具体来说，应在主体功能区划分和城市总体规划的基础上，明确各区域差异化的政绩考核指标体系，使新兴城区的领导更多关注于产城同步式发展，老城区的领导更多关注于公共服务。

3. 调整转移支付制度

新兴城区要吸纳老城区转移的人口缺少动力，为此要按照“人口增多地方得利”的原则，设计转移支付制度，使新兴城区有足够的财力完善基础设施和商业配套，确保新居民能在新兴城区内留得住、避免其只承担睡城区功能。另外，转移支付要与新居民数量挂钩，使新兴城区地方政府能在土地管理上向居住用地倾斜，遏制其招商优先倾向。

本部分执笔人：周宏春　苏　杨

附件三

# 深圳的城市病及体制机制层面的对策

## 一、深圳的城市病的主要表现

### （一）深圳的基本情况

经过30多年的建设和发展，深圳由一个昔日的边陲小镇发展成为具有一定国际影响力的大城市。深圳已经建设成为中国高新技术产业重要基地、信息中心和华南商贸中心、运输中心及旅游胜地，成为中国四大一线城市之一，与上海、北京一起是国内公认的三大金融中心。深圳全市陆地总面积1952.84平方公里，建成区面积830.01平方公里。

### （二）深圳城市病的基本表现及发展趋势

1. 人口拥挤

根据2010年第六次全国人口普查主要数据公报，2010年深圳城区城市人口1035.8万人，同第五次全国人口普查2000年11月1日零时的7008428人相比，10年共增加3349510人，增长47.79%，年平均增长率为3.98%，增速在国内的大城市中名列前茅。深圳人口增长率较高的主要原因有二：一是人口流入量较大。10年来，深圳经济保持较高增速，提供了较多的就业岗位，吸引了大量市外人员到深圳工作和生活。深圳常住人口中，约有798万人是非户籍人口，占常住总人口的76%，占3/4强。二是户籍人口增长较快。10年间，深圳采取多项措施，降低了入户门槛，加快了户籍人口增长步伐。普查登记的户籍人口达251.03万人（未剔除流出市外半年以上人口），与第五次全国人口普查的121.48万人相比，10年共增加了130万人，增长1.1倍，年平均增加13万人，年平均增长7.53%。深圳仍然是全国最年轻的城市，15～64岁人口比例仍然是全国最高，而平均年龄为30岁，中位平均年龄为28.9岁。

深圳较早实现了近似多中心的发展，在国内的大城市中人口分布相对均匀。最近几年，深圳在将经济特区扩大到全市范围后，人口分布更加均匀。不过，由于深圳在国内城市中具有较高的吸引力，深圳的人口密度仍然很高（约1.2万人/平方公里，如果考虑全员人口的话，则是全国第一①），且已经无地可用，这使深圳的人口拥挤程度仍然在国内居于最前列，而且在今后相当长的时期内难以改变。

2. 交通拥堵

深圳市域范围狭长，这使其交通条件先天不足，容易发生拥堵。而且，深圳是国内人均收入最高的城市，较早进入了家庭汽车消费时

① 2010年年初，美国《福布斯》杂志公布了世界人口最稠密城市排行榜，深圳以17150人/平方公里的人口密度名列全球第五位，远超上海的12400人/平方公里及北京的11500人/平方公里，并且把传统意义上的“密城”香港、新加坡都抛在了身后。其计算时使用的人口数是全员人口，城市面积则是根据卫星遥感照片，因而误差较大。

代，截至2012年2月，深圳机动车保有量突破200万辆（仅次于北京），单位道路面积的汽车密度居全国第一，现有路网的交通承载力已经逼近极限。由于这些方面的因素，加之以前特区关口形成的进关通道较少以及住宅开发形成职住分离，使得尽管深圳的公共交通发展较好[①]，但深圳的交通拥堵仍然比较严重，在原关内外之间上下班时间段的潮汐式交通拥堵尤其严重。不过，这种拥堵状况，随着关内外差距的缩小和深圳的功能组团[②]建设，有可能得到缓解。

3. 环境污染

近年来，深圳城市环境基本上处于保持平稳稍有改善状态。地表水环境质量仍然较差[③]，多数空气质量指标改善缓慢，全市的灰霾天气仍高达115天，灰霾天气的高发现象已经影响到深圳的城市形象和居民健康，也引起了各界广泛关注。这种状况与深圳是不能独善其身的城市有关：深圳因为处于江河的下游而水环境容量不大。深圳的环境，不仅依赖上游的保护，也要为上游的水污染和整个珠江三角洲的空气污染付出代价。而且，深圳的发展阶段和产业结构使其难以实现环境质量优先型发展。尽管深圳的产业结构已经发生了一定变化，但总体上深圳仍然是作为世界工厂的中国制造业基地的重要组成，工业

① 深圳市2010年末公共汽车营运线路758条，比上年末增加180条。公共交通营运线路总长度16987.00公里，增加4049.30公里。年末实有公共汽车营运车辆26796辆，增长5.8%。其中，公共汽车12456辆，增长4.4%；出租小汽车14340辆，增长6.9%。全年公共汽车客运总量22.81亿人次，增长6.8%。轨道交通线路长度63.50公里，增长154.0%，轨道交通客运总量1.63亿人次，增长17.7%。

② 深圳市将全市布局为11个功能组团，组团内部生产、生活功能相对完整，这样可实现真正的城市多中心布局，在很大程度上缓解通勤交通造成的交通拥堵。

③ 广东省2010年度环境质量公报显示，龙岗河、坪山河、佛山水道、市桥水道、深圳河、梅溪河和练江共7个江段水质属重度污染，主要污染指标为粪大肠菌群、氨氮、总磷和部分耗氧有机物。其中，深圳“独占”龙岗河、坪山河和深圳河三席，成为广东水污染最严重的城市。

经济总量仍然较大[①]，这使深圳的环境保护压力仍然较大，城市环境污染在相当长时期内难以较大程度地改善。

4. 住房困难

住房困难尤其是非深圳户籍人口住房困难是深圳最具有地方特色的城市病。调查数据显示，2009年末，深圳市常住人口人均住房建筑面积27平方米，较“十五”期末提高了3平方米；住房成套率达到84.2%，成套状况良好；住房自有率为40%，自有水平偏低，住房资源占有或使用存在不均衡现象。但因为深圳人口的严重倒挂现象[②]，这种住房困难在非户籍人口中表现得尤为突出：①户籍人口住房自有率达76%，而全市常住人口住房自有率才33.6%。②户籍低保家庭廉租住房保障实现了“应保尽保”，户籍低收入家庭的住房困难问题基本得到解决，但政策性保障性住房只占总量的6.6%，商品房与保障房比例悬殊。而且，商品住房价格上涨过快，广大人才和“夹心层”家庭买不起房、租不起房，存在较大的“住房难”问题。尽管深圳市从“十一五”末期显著加大了保障性住房建设力度，但深圳市特殊的土地资源和住房结构现状[③]以及人口结构，将使住房保障供需矛盾将长期存在。

---

① 例如，深圳空气中首要污染物为可吸入颗粒物，其来源与其他三个一线城市有别：可吸入颗粒物污染主要由电力生产企业排放的硫化物、氮氧化物；机动车排放的氮氧化物、挥发性有机物；家具制造、电子清洗、汽车喷涂等企业排放的挥发性有机物等。

② 据2010年第六次全国人口普查数据，在2010年深圳城区常住人口1035.8万人中，户籍人口只有251.03万人，占24%，非户籍人口占了将近76%。

③ 例如，深圳市的保障性住房建设进展不如人意。“十一五”期间，虽然已安排建设保障性套数总量超出了规划目标，但由于用地紧缺，部分项目用地存在征地拆迁、规划功能调整、处理历史遗留问题等方面的障碍难以及时“落地”，以及建设资金不足、前期工作环节过多、审批流程过长等原因，造成建设进度缓慢，保障性住房面临开工率低、竣工率低、供应率低的局面，尚未形成较大规模供应，距离市民特别是低收入居民的期望值有较大的差距。

# 二、深圳的体制机制合理之处与需要调整之处

仅仅在国内四个一线城市间比较的话，尽管深圳人口密度较高且已无开发建设用地，但其城市病总体来看较轻，这与其某些方面的先天条件较好（深圳的空气自净能力显著好于北京）、且城市管理水平较高有关，也与其体制机制上有某些更合理之处有关。

## （一）深圳相关管理体制机制的合理之处

### 1. 深圳的上下级关系容易处理

深圳是计划单列市，在城市发展上有与北京、上海相仿的自主决策权，且因为经济特区的身份，某些领域还有先试先行之便。但又与北京不同，深圳市域范围内没有一个上级政府，这样其在财税、规划、土地管理等方面都易于调整政策并确保其实施力度。

### 2. 深圳的规划管理体制和实施机制较合理

深圳是新兴城市且其城市规划理念较为先进，较早进行了多中心发展的规划并大体实现了原关内的多中心发展。[①] 而且，深圳在规划中也较早扩大了公众参与的力度，这使规划编制较合理且易于实现公众监督。

---

① 在深圳城市规划历史中，已编制过两次城市发展策略。1989 年的城市发展策略第一次提出深圳市全域拓展的概念，是特区内外一体化发展的先行研究；2002 年启动的“深圳 2030 城市发展策略”则是在国家和深圳进行战略性经济转型过程中逐步完成的，从 2002～2006 年历时 4 年，策略性地提出了“建设可持续发展的全球先锋城市”的发展目标、城市转型路径和差异化分区发展。而且，这个规划在编制中实现了较大规模的公众参与。

3. 领导干部的政绩考核制度有新意。

深圳率先建立了对领导干部的环保实绩考核制度：2008年3月，深圳首次对6个区区长、22个市直有关部门的主要领导和2个国有企业集团负责人实行环保实绩考核。这不仅改变了领导干部对生态文明和环境保护的认识，更在实践上推动了深圳市生态文明建设："十一五"规划纲要中的三个环保约束性指标，直接与政绩相关，盲目招商引资，也许政绩评价不升反降。近几年来，不仅高污染企业难以在深圳新建，许多高污染企业还在各方面压力下搬迁。

## （二）需要调整的体制机制

在看到深圳的相关体制机制合理之处的同时，也要看到深圳这方面的不足，尽管这些不足是我国一线城市的通病。根据深圳城市病的特点，深圳可以明确"质量发展"、"共享发展"和"人口增多地方得利"这三个方向，据此调整相关制度。

1. 政绩考核制度

人口的结构、分布均与产业高度相关，尤其对深圳这个"世界工厂"的重要"车间"而言。考虑到产业调整后，对人口拥挤、环境污染等都有直接的好处[①]，也能间接缓解交通拥堵和住房困难，深圳应该加大领导干部政绩考核制度的"绿色"程度并采取差异化考核指标体系，对某些功能组团的行政领导，基本不考核GDP和招商引资额等经济方面的指标，对城市中心区功能组团的行政领导，负向考核其二

① 例如，造成深圳灰霾天气的重要因素之一是有些产业排放的挥发性有机物（VOC）。深圳大气中的挥发性有机物1/3来自机动车，另1/3来自有机溶液如天拿水、油漆等。容易产生VOC的行业主要包括塑胶、印刷、电子线路板清洗等以及家具制造等。控制这些行业的发展，将显著降低VOC的排放量。

产产值在GDP中的比例等。尤其需要改革的是，要直接考核非深圳户籍人口的保障性住房供给业绩，这样才可能使深圳最特别的城市病得到快速缓解。

2. 创新保障性住房土地供应制度

深圳市要建立和谐稳定、与人口结构特征相适应的住房保障体制，就必须创新保障性住房土地供应制度。这需要以完善基本居住功能为导向，积极发挥包括城中村、旧住宅区在内的存量住房在全市住房供应体系中的重要作用，并通过综合整治和完善配套来提高供应效率。还要结合旧住宅区及城中村综合整治、产业园区配建宿舍等工作，逐步提高非户籍住房困难人群和外来务工人员居住水平。

3. 相关财税制度改革先行先试

深圳应结合物业税改革，将继续加强房地产调控作为深圳宏观调控的主线，新的政策和措施应在鼓励和促进市场健康发展、调整供求关系、改善供应结构、加快外来人口中低收入阶层的住房保障建设等方面着手。物业税改革已是大势所趋，深圳市应充分利用物业税改革契机，准确定位，制定相关的房地产发展政策。此外，还要适当提高个人购买第二套以上住房贷款利率，取消房地产税收优惠政策，适当提高周转环节中的契税、营业税、个人所得税以及土地增值税税率，并加大征管力度。

本部分执笔人：刘　洁　苏　杨

附件四

# 城市病相关研究文献综述

城市病是“流行病”、“富贵病”和久治难愈的疑难杂症。世界城市发展的经验表明，当进入快速城市化和工业化阶段时，大多数大城市会出现城市病，且很多大城市的城市病成为沉疴宿疾。我国城市化的发展十分迅猛，城市化率从 1978 年的不到 20% 迅速上升到 2010 年的近 50%，用短短 30 多年的时间走完了西方近百年的城市化路程，这种跨越式、压缩型的发展方式使得中国的城市病显得更为突出。这不仅使管理者常常措手不及，连研究成果也常常有就事论事、不明就里的情况，从体制机制角度对城市病进行的研究竟告阙如。尽管如此，我们还是尽可能搜集了城市病的相关文献，整理了国内一些城市的实践经验，以了解目前的研究基础和薄弱环节，发现我们从体制机制角度分析成因和提出对策的切入点。

# 一、城市病的内涵和外延

## （一）城市病的概念定义

对城市病的概念，不同的研究者定义的侧重点不同，其具体的表述方式也就有所区别。有研究者认为，城市病是指在一国城市化尚未完全实现的阶段中，因社会经济的发展和城市化进程的加快，由于城市系统存在缺陷而影响城市系统整体性运动所导致的对社会经济的负面效应①；也有研究者认为，城市病是指伴随着城市发展或城市化进程，在城市内部产生的一系列经济、社会和环境问题，主要有城市环境质量的恶化、住宅和交通的拥挤、城市贫民区的出现和犯罪率上升等问题②，由以上这两种定义可见，城市病的产生与“城市化”紧密相连，且是一种病态的社会症状。更多的研究者基于对城市病的感性认识，从现实问题出发，采用列举法给出主要类型的城市病，主要包括人口膨胀、交通拥堵、环境污染、资源短缺、城市贫困等。必须认识到，这些定义大多片面且不规范，也没有针对中国现阶段城市病的特点，难以直接服务于我们的研究。

## （二）中国城市病特点和本研究外延的界定

作为一个采用社会主义市场经济体制且实行“赶超战略”的国家，中国的城市病既表现出西方工业化国家曾经经历过的某些共性特

① 周加来：《城市病的界定、规律与防治》，《中国城市经济》，2004 年第 2 期。
② 丁健：《城市化与城市病》，《领导决策信息》，2003 年第 4 期。

征，同时又具有较为鲜明的中国特点。改革开放以来，伴随着经济的持续高速发展，我国的城市病日渐突出和严峻，而且随着工业化、城市化和全球化进程的不断深入，各种城市病变得更为复杂和棘手。如果按照“城市病”形成的结构性原因来看，“城市病”可分为两大类：一类是因结构性问题形成的城市病，可称之为“典型城市病”；另一类是因非结构性问题形成的城市病，可称之为“非典型城市病”（赵剑芳，2007）。

具体来说，“典型城市病”指的是在还历史欠账时出现了体制变动，使城市化潮流呈现出爆发性增长。就历史欠账来说，计划经济条件下对户籍制度、就业制度、产业布局、社会发展都有一种似乎是非常周密的考虑，但实际上造成了严重的结构性问题。只不过当时的生产规模和居民需求都非常低，有些问题也被计划经济体制强有力的控制系统暂时遮蔽了。而当体制开始变动以后，这些问题就立即暴露出来了，如人口拥挤、交通堵塞、住房紧张、环境污染等问题。值得注意的是，原有的计划体制下的这些城市病，随着生产规模和人口流动规模扩大，在市场经济体制环境下迅速严重起来，并使得先前的单一问题交织起来。而且，随着新的技术、能源、工业的发展以及社会利益格局的日渐多元化，一些新型的城市病问题不断涌现，如城市的安全稳定问题就是当前乃至未来相当长一段时期一个重大的城市问题。据北京国际城市发展研究院发布的《2006~2010中国城市价值报告》显示，目前全国有655个城市提出要“走向世界”，183个城市要兴建“国际大都市”。通过对“十一五”期间中国城市发展的跟踪调查，《2006~2010中国城市价值报告》认为，人口无序集聚、能源资源紧张、生态环境恶化、交通拥堵严重、房价居高不下、安全形势严峻等六大城市病正给中国城市和谐、均衡与可持续发展带来潜在风险，这些将是“十二五”期间中国城市发展必须面对和解决的问题[①]。丁健用疾病比方的形式形象地描述了“城市病”的基本类型：“人口膨胀”意味着“城市高血压”、“路网交通建设落后”意味着“城市肠梗阻”、“生态环境恶化”意味着“城市肺气肿”、“产业空心化”意味着“城市白血病”、“政府管制”意味着“城市心脏病”[②]。何强根据北京市的具体情况区分了五种“城市病”类型：交通问题、住房问题、生态环境和资源问题、治安问题、就业问题等[③]。胡晓娟则将“城市病”归纳为四类：人口膨胀、交通拥挤、就业困难、环境恶化[④]。

而“非典型城市病”指的是随着城市化的高速发展而产生出来的一些与人本身有关的城市病态问题，如：抑郁症问题、青少年犯罪问题、乞丐问题、买房焦虑症、自杀狂想症、城市夜生活综合征、交通拥堵恐惧症、手机综合征、鼠标抖动症、宠物综合征、网恋问题、宅男宅女问题等。由于在城市社会结构变迁中传统的文化价值与经济价值体系被打破后，新的社会文化价值体系与经济价值体系尚未完整建立，特别是在制度型保障体系未能深入人心的情况下，城市中的每一个个体、每一类群体及每一个阶层都处在不同程度的社会压力体系之中，不同程度上存在对未来生活的“社会压力型”恐慌，诸如对现实的“厌倦”、生活“急躁”情绪和“无名的担心”等多样化的行为和心理状态，并以多样化、多类型、个人化和偶发性的方式表现出来，

---

① 吕强：《六大“城市病”挑战中国“十二五”城市发展》，《财经网》，2010 年 10 月 29 日。

② 丁健：《城市化与城市病》，《领导决策信息》，2003 年第 4 期。

③ 何强：“北京的城市病根源何在?”，《中国统计》，2008 年第 11 期。

④ 胡晓娟：《基于“城市病”现象的中国城市化研究》，《长沙民政职业技术学院学报》，2010 年第 2 期。

因此具有“非典型性”[①]。值得注意的是，这些非典型城市病会在现代城市生活中蔓延，甚至具有某种“传染性”，尤其是随着大众传媒过度市场化、娱乐化和低俗化的发展倾向，这类城市病问题逐渐被表述和建构成一种受到广为关注的社会问题。

通过以上两种类型的城市病的介绍可以看出，前一种类型主要针对是城市系统本身的病症，并主要以城市基础设施为载体而呈现出来的；而后一种类型主要针对的是生活、工作于城市之中的不同个体和群体，主要是以人本身的病症为表现形式。两者之间实际上具有内在的紧密关联，并具有相互联动和转化的效应。本研究主要关注的是前一种类型，即典型城市病问题，并且，从城市功能的角度，并考虑民意，我们按照各种类型的城市病的严重程度，重点聚焦于在我国大城市发展过程中较为普遍的四大城市病：人口拥挤、交通拥堵、环境污染、住房困难。

（1）人口拥挤。由于中国城市化的迅速发展，打破了原有的人口分布格局，城市人口越来越多。特别是一些大城市，已经到了人满为患的程度。截至2010年，北京市实际常住人口已达1961万人，不仅突破了北京市“十一五”规划末常住人口1625万人的控制目标，而且提前10年突破了国务院批复的《北京城市总体规划(2004～2020)》所确定的到2020年北京市常住人口总量为1800万人的目标。上海也是如此。2010年底，上海市常住人口已达2302万人。2004年的《中国城市发展报告》指出，目前上海浦西的内环以里的城区的人口密度为3.7万人/平方公里，北京和广州的中心城区的人口密度分别为1.4万人/平方公里和1.3万人/平方公里。而世界上的主要大城市，如东

① 张鸿雁：《中国“非典型现代都市病”的社会病理学研究》，《社会科学》，2010年第10期。

京只有1.3万人/平方公里，纽约、伦敦、巴黎和香港的人口密度最多也只有0.85万人/平方公里。[①]

（2）交通拥堵。在城市所面临的各种交通问题中，交通堵塞是最为突出和普遍的问题。尽管中国城市交通发展较快，但目前还远远满足不了城市经济社会发展的要求[②]。总体上讲，中国城市公共交通建设严重滞后的局面并没有得到根本改变。中国公交出行的分担率目前平均不足10%，特大城市也仅有20%左右，比欧洲、日本、南美等大城市的出行比例低得多。近年来，随着我国机动车辆和交通需求的大幅度增加，城市道路负荷日益加重，道路拥挤、交通堵塞、行车混乱等现象有增无减。“中国城市论坛2006年北京峰会”上公布的《中国城市生活质量报告》认为，交通问题已成为城市公众普遍关注的问题。这份报告提供的关于交通通畅性的调查显示，交通畅通性与城市规模密切相关，城市越大，交通越拥堵，27%的被调查者认为其所在城市交通拥堵十分严重。北京、苏州、广州、上海、烟台、宁波、西安、大连、佛山、重庆是本次调查中公众感觉交通最不通畅的10个城市。据调查表明，我国百万人口以上城市有80%的路段和90%路口的通行能力，已经接近极限。乘车环境严重恶化。交通拥堵犹如人身上的毒瘤，使交通延误、车速降低、时间损失、燃料费用上升、排污量增加，城市环境恶化，诱发交通事故，影响人们的工作效率和身体健康。因交通拥堵所造成的经济损失每年达数百亿元（赵剑芳，2007）。

（3）环境污染。改革开放30多年来，我国经济建设取得了举世

---

① 胡晓娟：《基于“城市病”现象的中国城市化研究》，《长沙民政职业技术学院学报》，2010年6月第2期。

② 徐传谌、秦海林：《城市经济可持续发展研究：城市病的经济学分析》，《税务与经济》，2007年第2期。

瞩目的成就，但与此同时所付出的环境代价也是惊人的。纵观我国的经济发展之路，可以说基本上重蹈了西方工业化国家所经历的“先污染，后治理”的发展道路。目前，我国城市环境污染问题主要体现在四个方面。第一是城市大气污染，包括机动车氮氧化物污染、悬浮颗粒物污染。不断增长的机动车辆加重了中国城市大气环境的负担，是造成大气污染不可忽略的因素。第二是水污染，我国城市生活污水已经成为主要的污染源。据建设部通报，截至2005年6月底，全国还有297个城市没有建成污水处理厂；38个城市的污水处理厂运行负荷率低于30%，这其中包括17个已建污水处理厂未投入运行的城市；更为严重的是，没有建成污水处理厂的城市中，8个是人口50万以上的大城市，54个城市位于重点流域内①。另据环保部报告显示，全国600多座城市污水处理厂，其城市生活污水集中处理率仅为42.55%。而且，参加全国“城考”（城市环境综合整治定量考核，简称“城考”）的595个城市中，有200个城市生活污水集中处理率为零，占“城考”城市总数的33.61%②。第三是噪音污染，在城市噪音污染有上升为第一大环境公害的趋势。城市噪声污染，有交通噪声、工业噪声、建筑施工噪声、社会生活噪声等。目前，我国多数城市处于中等噪音污染水平，全国209个省控城市区域环境噪音平均等效声级处在43.6～66.6分贝。城市噪音污染投诉在各类环境污染投诉中所占的比例最高，且有逐年增加的趋势③。第四是垃圾污染，我国城市垃圾产生量以平均每年10%的速度增长，已成为我国城市环境所面临的最严峻的挑战之一。据相关统计显示，我国668座城市，2/3被垃圾环带包围，

① 建设部：《建设部关于全国城市污水处理情况的通报》，建设部网站，2005年。

② 杜宇：《城市污水处理厂为何不能正常运行?》，人民网，2005年10月10日。

③ 邓琼：《浅谈城市发展中的环境污染治理》，中国城市发展网，2011年1月23日。

造成了典型的“垃圾围城”困境。目前，我国仅城市垃圾的年产量就近1.5亿吨，且这些城市垃圾绝大部分是露天堆放。它不仅影响城市景观，而且严重污染了大气、水和土壤，对城镇居民的健康构成威胁。

（4）住房困难。自20世纪90年代中期以来，随着我国住房商品化改革的日益深入，我国居民的住房质量和居住环境有了较大提高与改善，城镇居民的自有住房拥有率大幅提高，至2008年已经达到87.8%。与此同时，由于现行住房政策还不完善，一些政策措施推进和落实力度不够，中国住房领域还存在一些深层次矛盾，房价长期高企，居民普遍存在住房困难问题。在此，选取三个典型代表群体做一具体说明。城市低收入家庭，据相关数据显示，截至2006年底，全国约有1000万户城市低收入住房困难家庭，约占城市居民家庭总数的5.5%，且人均住房面积不足10平方米，需要纳入到住房保障体系当中[①]。蚁族群体，主要聚居于城乡结合部或近郊农村，形成独特的“聚居村”。根据北京大学廉思教授带领的课题组研究显示，该群体主要聚居于人均月租金377元，人均居住面积不足10平方米的城乡结合部或近郊农村，已经形成了一个个聚居区域——“聚居村”[②]。据该课题组研究表明，仅北京地区保守估计就有10万人以上；此外，上海、武汉、广州、西安等大城市也都大规模存在这一群体。农民工群体，随着城市化进程的加快，我国农民工群体的规模呈加速增长态势。1978~2003年，农民工人数从不足2000万扩张到9900万，2007年更是达到2.26亿人。从总体上来看，目前农民工群体的居住环境比较恶劣，大多数农民工所住房屋周围脏、乱、噪音污染严重，无物业管理，室内卫生设备缺乏，共用水龙头、厕所、淋浴等。在住房福利方面，

① 杜宇：《我国住房保障制度初步形成，扶持政策频频出台》，新华网，2011年1月6日。

② 廉思：《蚁族：大学毕业生聚居村实录》，广西师范大学出版社2009年版。

农民工既不能获得福利住房，也不可能从国家和单位获得补贴。

# 二、城市病及其成因的相关理论研究

## （一）对城市病的认识

作为一种病态的社会症状，又当如何认识“城市病”呢？目前，针对“城市病”大致形成了两种基本认识：

1. “城市病”是一种“发展病”

城市病是社会经济的“发展病”，而非“停滞病”，并严格区别于有碍社会经济发展的“农村病”①。也就是说，“城市病”是科学技术发展到一定水平、经济生产力提高到一定阶段、人民生活水平达到一定层次时所随之形成的各种社会问题的反映。在这个意义上，“城市病”这种“发展病”不是某一个国家所特有的，也不是某一个国家所能回避或逾越的，它是各个国家发展过程中的“通病”，是现代工业社会发展的伴生物。

2. “城市病”是一种“综合征”

城市病是一种“综合征”，它的实质是以城市人口为主要标志的城市负荷量超过了以城市基础为主要标志的城市负荷能力，使城市呈现出不同程度的“超载状态”，城市病的病情与超载程度成正比②。换言之，城市病的本质就是城市资源环境的承载力和城市化发展规模的

---

① 周加来：《“城市病”的界定、规律与防治》，《中国城市经济》，2004 年第 2 期。

② 段小梅：《城市规模与“城市病”：对我国城市发展方针的反思》，《中国人口、资源与环境》，2001 年第 11 期。

匹配度失衡[1]。值得注意的是，“城市病”的这种综合征特质也意味着城市系统本身所存在的缺陷和问题是系统性的和结构性的，这就要求我们针对“城市病”采取综合性治理策略。

## （二）城市病的成因

综观以上两种类型的城市病，可以发现，它们基本上都是在我国改革开放之后才大量出现的。鉴于本研究主要关注的是第一种类型，这里的原因探讨也主要针对的是“典型城市病”问题。目前各方面的文献，将“典型城市病”的产生归咎于五方面成因。

### 1. 长期以来形成的粗放型经济增长模式

改革开放30多年来，虽然我国经济一直保持着两位数的高速增长，但在经济增长方式上则一直是粗放型的。这种粗放型的经济增长模式的基本特征是，依靠增加生产要素量的投入来扩大生产规模，实现经济增长；以这种方式实现经济增长，通常消耗较高，成本较高，而产品质量难以提高，经济效益较低。正如有论者指出，粗放型的增长方式，一方面造成了能源、原材料的巨大浪费，产业和产品比例失调，经济效益低下；另一方面，使得生态失衡，环境污染[2]。据国家统计局数据显示，2000年，每百万美元国内生产总值能耗，中国为1274吨标准煤，比世界平均水平高2.4倍，比美国、欧盟、日本、印度分别高2.5倍、4.9倍、8.7倍和0.43倍[3]。显然，粗放型的经济增长模式已经日益不能适应我国经济社会发展的需要，并造成了大量的

---

① 张汉飞：《我国城市病的表现及治理》，《天津日报》，2010年11月8日。

② 段小梅：《城市规模与“城市病”：对我国城市发展方针的反思》，《中国人口、资源与环境》，2001年第11期。

③ 陈予军：《能耗降低未完成应进行深刻反思》，《上海证券报》，2007年3月1日。

社会矛盾和社会问题，转变经济发展方式已经刻不容缓。

2. 城市规划与城市化进程之间存在严重张力，且城市化发展在人口和空间上呈现严重分离和失衡的趋势

目前，一些地方政府对城市规划的作用认识不够，规划意识差，在规划实施过程中，行政干预规划、人为影响规划的现象时有发生，从而肢解了城市规划中的统一管理权，削弱了规划中的权威；而一些中小城市为了招商引资大都出台了一系列优惠政策，投资商在优惠政策的保护下，受利益驱动，不服管理，随心所欲，不报自建、随意乱建的现象时有发生，阻碍了规划执法工作的正常开展①。同时，在城市化发展模式上，我国的城市化呈现出“土地城市化远远快于人口城市化”的趋势②，地方政府对经营土地财政表现出异常的劲头，而在提高外来务工人员的公共服务水平上则着力不多，从而使得大量农民工群体虽长年身在城市却无法在城市安居扎根。而且，城市组织管理落后于城市化过程也是造成城市病的重要原因③。

3. 城市发展指挥棒“唯 GDP 主义”，地方政府片面追求政绩工程

自改革以来，我国在经济发展过程中逐渐确立了一种坚持“发展是第一要务”的思维定式。这种思维模式在地方政府行为中突出表现为，片面追求 GDP 的高增长，罔顾客观的自然生态环境。“GDP 至上”的错误政绩观导致城市化进程呈现好大喜功、贪大求洋的特征，一味地追求城市规模扩张，城市“摊大饼”式无限制扩张，导致城市病日渐显现④。譬如，在现有的政绩考核指挥棒下，有些地方政府为

---

① 详见 http：//www. zgghw. org/a/test/guihuatansuo/2011/0311/10680. html。

② 长子中：《人口城市化应快步跟上土地城市化》，《中国经济导报》，2011 年 5 月 17 日。

③ 张汉飞：《我国城市病的表现及治理》，《天津日报》，2010 年 11 月 8 日。

④ 张明贵、高自强：《应坚决摒弃土地财政主导的城市化》，搜狐理财网，2011 年 4 月 7 日。

追求政绩，一切举动唯 GDP 主义，填名湖盖别墅实在也是必须之事，如近年来云南洱海正遭受破坏性的开发，到处开建高级别墅群，正日益变成富人的后花园[①]。应当看到，现行 GDP 发展思维和政绩考核方式，助推了某些地方政府和强大资本的“违规合作”，不利于经济社会的良性健康发展。因此，应当切实坚持科学的政绩观，要用科学的态度来筹划发展、实现发展和评价发展。

4. 外来流动人口大量进城，城市环境承载量负荷过重

伴随着我国市场经济的迅猛发展，“自由流动资源”和“自由活动空间”[②] 得到了较大的发展，并形成了人口在空间格局上的大规模自由流动和迁徙。虽然人口的大规模流动有助于增进人际之间的交往，提高经济社会发展活力，但潜在地也增加了城市基础设施的负荷和压力。从总体上看，目前我国大城市的环境承载量普遍存在负荷过重的问题，尤其是像北京、上海、广州、深圳等这样的一线城市。而中小城市虽然环境承载量大多保持较为合理的状态，但大多数中小城镇（除少数经济发达城市外）的人口集聚和吸纳功能仍然比较有限，在当前条件下也还很难真正有效分担、疏导和缓解一线城市和省会城市的人口、资源和环境压力。值得注意的是，“外来人口”本身事实上与“城市病”的产生并没有直接的逻辑因果关系。正如有论者通过针对北京市城市病根源的研究指出，外来人口并不是北京城市病问题的主要根源，这些问题实际上是以城市户籍居民为主体的全体城市人口共同活动的结果，在更大程度上是由政府公共政策失当或公共产品供

① 王乃玲：《顶级景点被填，洱海成富人后花园》，《中国农经贸讯网》，2010 年 6 月 14 日。

② 孙立平：《自由流动资源与自由活动空间：论改革过程中中国社会结构的变迁》，《探索》，1993 年第 1 期。

给不足造成的，不能把外来人口当成替罪羊[①]。

5. 过于强大的意识和体制惯性的束缚

中国长期实行的计划体制实行城乡分隔政策，极大地压抑了城市的发展，城市基础设施历史欠账过多。解放后新建的工业城市，本应在大搞经济建设的同时，相应地搞好城市建设，但却按着“先生产，后生活”的方针，严重地忽视了城市基础设施建设。而城市基础设施投资比例太低，正是我国城市病产生的主要根源[②]。改革开放以来，虽然市场经济体制开始逐步建立起来，但是我国的城市规划、城市管理、城市建设仍还局限于计划经济时代的意识观念和体制束缚中。自中国城市开始大规模改造的那天起，城市开发始终没有上升到战略的高度，一直是在一个低级的水平上重复和模仿，盲目跟风、千城一面，攀高比傻，将现代化等于高楼大厦等，这也导致了城市越庞大，越是疾病缠身[③]。例如，2007 年 10 月通过的《中华人民共和国城乡规划法》仍然把城市规划作为城市开发建设的标准之一，且该法对城市建设仍停留在传统的功能界定，定位于组织生产、流通的消费城市、生产城市。这表明，改革开放以来我国所形成的城市建设和城市规划框架仍然带有较为明显的计划经济体制的痕迹和色彩。

## （三）对四类城市病的成因分析

1. 造成城市人口拥挤的原因

（1）城市布局的结构失衡和城乡发展不平衡加速了人口向大城市的集中。我国是一个发展中国家，经济发展的区域性差异较大。大城市是国家或地区的政治、经济、文化、信息中心，生产力水平高，物

①③ 何强：《北京的城市病根源何在?》，《中国统计》，2008 年第 11 期。

② 段小梅：《城市规模与“城市病”：对我国城市发展方针的反思》，《中国人口、资源与环境》，2001 年第 11 期。

质条件丰富，工作学习、生活条件较好。而我国广大的农村地区，落后的农业和农村工业使农民的收入增长空间极为有限，很难产生对第三产业产品和服务的需求，服务功能弱。而且长期以来，由于我国片面强调工业现代化、技术尖端化在城市区域的扩大，单纯地追求首位城市的发展，也导致了经济机会在地域上的严重失衡[①]，从而造成农村人口不断加速涌入城市地区，使城市急剧膨胀。

（2）中小城市与大城市的差距也造成了人口的“向心流动”。我国地区发展的差异不仅表现在城乡之间，还表现在城市与城市之间。大城市不仅对农业人口有较大的吸引力，对中小城市的人口也同样有吸引力。这是因为大城市与中小城市相比，在经济收入、文化娱乐等方面也存在着“梯度差”。这种“梯度差”造成中小城市人口也想逆“梯度差”进入大城市，享受大城市文明。[②]

（3）我国的现代化进程，使工业和商业贸易活动日益集中在大城市。为了适应这种发展的需要，政治、文化、教育、科学和服务设施等经济辅助部门，也不断地向大城市靠拢，形成了日益强大的城市化趋势。随着城市工业和服务业的发展，就业机会增多，使得大批农村剩余劳动力涌入城市[③]。同时，由于城市的发展，也需要引进大量的人才为经济和社会发展服务。

（4）政策的倾斜或偏差加剧了大城市人口膨胀。政府将资金和大型项目集中在大城市的政策，加剧了人口向大城市流动的倾向。例如20世纪80年代，北京市曾在工业化的口号下集中发展了重型加工业

---

① 罗旭敏：《我国“城市病”问题比较思考》，《上海城市管理职业技术学院学报》，2004年S1期。

② 何兴刚：《论我国大城市人口膨胀及规模控制》，《社会科学家》，1991年第2期。

③ 曾长秋、赵剑芳：《我国现代化进程中的“城市病”及其治理》，《湖南城市学院学报》，2007年9月第5期。

和制造业项目，首钢、石油、化工大规模招工和引进人才，使得石景山、丰台和房山在随后的十几年里陡增近百万人口。90年代中期是工业开发区建设，大力发展电子机械、化工和汽车制造，在海淀、丰台、顺义、朝阳、昌平和大兴等区县形成了一批新的外来人口密集区。进入21世纪，北京房地产业得到土地管理和信贷政策的大力支持，在城区和郊区，近郊和远郊争先恐后全方位发展，不仅吸引大量外来人口就业，而且吸引大批外来人口买房租房长期居住。①

2. 解决城市人口拥挤的措施

（1）将城市规划与人口规划协调统一起来。一个能够把现实与未来、发展要求与资源供给、整体发展与区域发展结合起来，并具有可操作性的城市规划是非常重要的。城市发展应该按照中长期规划对城市最佳人口容量进行专题研究，根据城市发展需求制定科学的人才战略。②

（2）建立卫星城，减轻大城市压力。③对于许多特大型城市来说，在中心城市周围兴建卫星城被证明是解决城市人口拥挤的一种行之有效的方法。④例如，70年代后期巴黎周边建立了5座卫星城，有效地分散了城市中心区人口。纽约也通过建立周边小城镇和城市郊区化的手段，分散了市中心的人口。⑤

（3）限制大城市中心区的发展，鼓励大城市的外迁。⑥政府可以采取土地级差地租，鼓励企业采取“退二进三”的办法，把处于大城市中心区的繁华地段让出来，开辟专门的工业园区，使企业集中到城市

① 林志远：《北京人口膨胀的三个主要原因》，《北京观察》，2007年第1期。

② 《城市化和城市病》，《领导决策信息》，2003年1月第4期。

③⑤⑥ 袁东振：《国外如何应对“城市病”》，《科学决策》，2005年第8期。

④ 张晖明、温娜：《城市系统的复杂性与城市病的综合治理》，《上海经济研究》，2000年第5期。

外的地区发展。例如，东京采取了限制新建大学和工厂等措施，鼓励中心地区的企业特别是重工业企业外迁，以缓解东京的“过度密集问题”。[①]

（4）增加大城市以外城市的吸引力，促进城市布局的合理化。[②]政府应该通过各种激励措施，鼓励有关企业搬迁到新兴的中小城市，打造合理的区域城镇体系，鼓励人口有序流动和合理分布，从而减轻大城市在人口、基础设施、社会服务等方面的压力。例如，日本通过推行“全国综合开发计划”，缩小各地方与东京的差距，减少人口与产业向首都圈集中的压力。

（5）改变传统的偏重大城市的政策倾向，使小城镇与大城市形成和谐互动的关系。[③]从国情出发，综合考虑城市的现实基础和资源条件，以其承载力为标准确定适度的规模。具体来说，就是对现有城市体制进行改革，重塑城市的各种功能，发挥大城市的经济中心作用的同时进一步发展中小城市；同时依托乡镇企业构筑小城镇，推进小城镇向小城市、中等城市以致大城市发展。

（6）进行教育改革，化解人口压力。大城市的人口拥挤很大一部分原因是因为大城市集中了太多的教育资源。因此，应当通过教育改革，促进义务教育、职业教育、高等教育协调发展，学校教育、社会教育互相结合，公办与民办共同发展，社会各界共同参与的教育新格局提升人口质量，从深层次上化解大城市的人口压力。[④]

---

①② 袁东振：《国外如何应对“城市病”》，《科学决策》，2005 年第 8 期。

③ 罗旭敏：《我国“城市病”问题比较思考》，《上海城市管理职业技术学院学报》，2004 年 S1 期。

④ 《城市化和城市病》，《领导决策信息》，2003 年 1 月第 4 期。

3. 造成城市交通拥堵的主要原因

（1）道路供给低速发展，道路容量不能适应现代交通管理的形势和要求。近年来，国家加大了对城市道路建设的投资，城市道路增长速度明显加快，但是相对于机动车的增加来说，道路的增长是缓慢的。据统计，1995～2002年期间，中国汽车数量从1040万辆增加到2053.17万辆，增长约2倍。而城市每万人拥有道路长度从1995年的3.8公里只增加到2002年的5.4公里，如北京和上海从1990～2000年，道路总长度年平均增长率为9%，远低于同期机动车的18%的年增长率。[①] 目前我国城市的人均道路面积不及经济发达国家的1/3，大城市则更低，以上海市为例，道路面积只占城市总面积的3.6%，而纽约市的道路面积占城市总面积的25%，伦敦为16.6%，东京为14.1%[②]。城市道路供给与交通需求之间的矛盾不断加剧[③]。道路建设无法赶上车辆的需求，单纯依靠改造和增加道路，扩大道路供给量的“自然发展”根本无法解决城市交通拥堵。

（2）以私人小汽车为主的机动车保有量的过快增长带来拥堵。（朱灿阳，2009）随着经济发展水平的提高，人们收入的增加，很多居民为了提高个人和家庭的生活质量，获得更加便捷的私人出行条件都纷纷选择购买私人小汽车作为交通工具。目前我国城市机动车的年平均增长率已达15%，其中私人小汽车的增长速度远超过平均水平。相关研究表明，当轿车拥有量年增长率超过20%时，必将引起当年及随后几年城市交通恶化。20世纪80年代以来，我国第一次超过20%

① 闫庆军：《基于外部性的交通拥堵成因分析与缓解策略》，《经济论坛》，2005年第5期。

② 《城市化和城市病》，《领导决策信息》，2003年1月第4期。

③ 表达相似观点的论文有：张晖明、温娜：《城市系统的复杂性与城市病的综合治理》，上海经济研究，2000年第5期；孙欣梅：《解决城市交通拥堵的问题和对策》，《经济师》，2010年第9期。

是1985年（33.3%）、1986年（42.3%）、1987年（27%）连续三年，第二次是1992年（31.9%）、1993年（55.6%）。这两次私人轿车的增长也正是大城市交通最为紧张的两个时段，远远超过正常年度道路建设的供给可能。[①] 进入21世纪后，我国又面临新一轮的汽车高速增长期。随着小汽车数量的急剧膨胀，拥堵的问题也就不可避免。

（3）城市公共交通发展的相对滞后。我国城市的公共客运发展滞后，加剧了交通紧张。具体表现为：①公交线网布局不够合理，许多城市的公交线网未能根据城市的发展而及时的调整结构，使得一些道路上公交线路过多，而另一些道路上公交线路又过少。②公交车辆跟不上城市的发展。住房与城乡建设部标准为每万人拥有公交车辆11标台，但是许多城市尚未达到此标准，导致许多城市的新建区和居民小区尚无公交车辆通达，相当部分居民放弃乘公共交通工具的愿望，无形中加大了城市的其他交通车辆的数量。③公交车运行效率低。④公交服务水平不高。[②] 此外，公共交通的类型较为单一，目前我国除了北京、上海、广州等少数特大城市建有网络化的地铁路线，其他大部分城市尚未形成以轨道交通为骨干的综合运输客运体系。因此，一旦单一的公共汽车受到冲击，被转移出来的乘客便会寻找私人汽车等交通工具。

（4）庞大的公务车数量，加剧了拥堵。我国各级政府部门，企、事业单位均配有公务用车，有的单位部门甚至达到平均约两人一辆车，其规模和数量相当大。在工作时间段（9：00～17：00）公务用车占有相当大的比例，大部分时间车上也就一到两人，空驶率高，道路使用率极低。对于政府部门公务用车，发达国家普遍采取极其严格的控

---

① 孙欣梅：《解决城市交通拥堵的问题和对策》，《经济师》，2010年第9期。

② 赵玉肖、李现者：《我国城市交通拥堵原因及对策》，《河北交通科技》，2006年第9期。

制政策。例如在日本和德国，只有国会议员、政府副部级以上官员才配有专车，其他公务员上下班以及公务活动都利用公共交通，少数是利用出租车方式。应该鼓励公务出行由公务用车向出租汽车和公共交通转移（朱灿阳，2009）。

（5）城市交通缺乏整体的、科学的发展规划。当前出现的城市交通问题中，其中一个重要原因是，缺乏科学的整体交通战略和规划，治理工作往往顾此失彼，前后失调，投入不小，而收益不大。有一些大城市热衷于建设高标准的大型交通工程，出现了许多立交桥、高架路和城市环路，以为只有高标准的大型交通工程，才能一劳永逸地解决交通问题，实际上这种办法只能缓和暂时矛盾，拥挤问题不但没有解决，甚至诱发聚集更多的交通量，引起结构性的“负效应”。城市交通是一个动态的整体，仅靠几项大工程不可能解决交通问题。此外，我国大部分城市的道路设计也还存在很多问题，许多城市的干道网尚未规划形成，使得大量车流只能拥挤在现有的几条干道上，不能形成合理分流。同时由于主干道、次干道、支持的道路长度设计不合理、路口间距设置不科学等问题也经常会使得交通流量不能及时疏散，造成一个地区的交通拥堵。

（6）交通管理技术水平低下，组织管理落后。由于历史和认识方面的原因，我国大城市中交通控制管理和交通安全管理的现代化设施普遍较少。① 交通标志线以及信号灯等各种设施数量严重不足，单位配置率往往比国外大城市低 1～2 个数量级。② 城市交通秩序维持的技

---

① 孙欣梅：《解决城市交通拥堵的问题和对策》，《经济师》，2010 年第 9 期。

② 李淑华：《我国城市交通拥堵成因及对策初探》，《公安大学学报（自然科学版）》，2003 年第 3 期；赵玉肖、李现者：《我国城市交通拥堵原因及对策》，《河北交通科技》，2006 年第 9 期等。

术手段还相对比较缺乏，卫星导航等先进设备运用还不普遍，管理理念往往重罚款轻疏导。交通疏导能力不够，事故快速处理能力不强，现场分流交通的水平不高，在相当程度上制约了城市交通效率的提高。从停车场看，大城市中特别是中心区严重短缺停车设施[①]，大量车辆都被迫停在道路和人行道上，加剧了拥挤堵塞和事故发生。

（7）公众交通意识淡薄[②]，现有交通政策、法规与城市发展不适应。在人、车、路、环境等因素构成的交通系统中，某个个体交通参与者违反交通道德规范和交通法规的行为在造成局部堵塞的同时，还会对整条道路乃至整个交通系统的有序流动产生严重影响。而长期以来，由于我国对公民的交通教育组织不健全，内容不落实，社会管理不严密，广大交通参与者不学法、不懂法、不守法，交通法制意识不强，思想道德、社会公德水平不高；加上城市中大量民工涌入，闲散人员增多，给交通问题带来了更严峻的考验。众多的汽车族中穿马路、闯红灯、机动车抢道频频发生，增加了堵车的可能性。此外，在交通立法方面，目前我国仍没有一部统一的交通管理法规，现行的《道路交通管理条例》，在很多地方还没有反映到法治的要求，比如没有专门列出通行原则等，分散在各章的通行原则也不全面，这也给交通部门的管理工作带来不少麻烦。

4. 针对交通拥堵主要治理的措施

（1）加强城市交通发展总体规划，强调道路建设的科学性。缓解交通矛盾，主要是加快道路建设，但土地是有限的，不可能无限制地

① 楚国清：《北京市交通拥堵的原因及对策》，《新视野》，2011 年第 2 期；卢毅、张欢、曾江洪：《城市交通拥堵的成因与对策》，《湖南交通科技》，2004 年 9 月第 3 期。

② 卢毅、张欢、曾江洪：《城市交通拥堵的成因与对策》，《湖南交通科技》，2004 年 9 月第 3 期。

用于建造道路。加上城市中原有建筑物等障碍，也使道路建造和拓宽受到影响。因此，解决城市交通拥堵问题，首先，应该从规划设计着手，统一制定道路交通发展的中长期规划，尤其要结合水电煤气管道线路的改造统一规划，避免今天道路刚修好，明天又开挖的现象，人为造成交通拥堵。其次，对于交通拥堵较为严重的瓶颈路段和道口，进行加宽改造或建立上下立交系统，合理设置高架道路的上下匝道，及时分流车辆；再次，充分考虑我国特有的行人、非机动车和机动车三元混合的交通流结构，在设计和建设道路的过程中必须给行人和自行车足够的道路资源，以保证人和自行车的畅通①；最后，在城市规划中应多考虑一些停车场所，并对各种违章占道行为加大治理力度，以保证道路畅通无阻。

（2）合理限制私人购车，引导私人资本投资公共交通基础设施建设。政府不能用刚性的行政手段例如完全限制私人购车，私车出行来解决，而是采用灵活多变的市场手段例如提高车辆拥有税，车辆定额配给、燃料税和相应的车辆使用税，以及征收交通拥挤责任税（或道路拥挤费）② 等迫使一部分车主放弃开车上下班，减少私车的出行、缓解交通压力；同时，通过错开上下班时间③，分散交通需求缓解交通压力。此外，政府还可以采用政策引导的方式，增大财政对交通设施的补贴额度或采用BOT的融资方式，聚拢、引导民间的游离资本来发展轻轨、地铁及城际铁路等高投入、回收慢的新兴交通工具。

---

① 范生海：《中国城市交通拥堵对策》，《交通标准化》，2007年第6期。

② 朱向军：《破解城市交通拥堵需要综合治理》，《现代城市》2011年第1期；范生海：《中国城市交通拥堵对策》，《交通标准化》，2007年第6期；柯察今：《城市交通拥堵问题研究》，《现代商贸工业》，2010年第23期；徐传谌、秦海林在其《城市经济可持续发展研究：城市病的经济学分析》一文中也提到可以通过“拥挤定价应对交通拥挤”，即政府可以有意识地提升某些路段的交通费用，将交通流引导分流至其他路段。

③ 穆光宗：《人口增长与大城市病诊治——以北京市为例》，《人民论坛》，2010年第11期。

（3）优化交通结构，大力发展公共交通。这是解决交通拥堵问题的常见提法[①]。有些发达国家的经验的确证明，大城市（尤其是中心城区）以公共交通为主，才能使居民的交通得到保障，又使环境得到保护。单靠增加城市道路面积解决交通拥堵问题不能奏效，必须发展一体化公共交通系统，重点是加快发展城市轨道交通系统，包括地铁，轻轨，地面轨道等具有低能耗，占地少，无废气污染，运能大特点的城市轨道交通。[②] 同时，必须全面梳理、整合优化公交线路，按照“公交先行”的原则，设置专用道，[③] 确保公交车辆快速通过，降低公交车的乘车价格，以廉价公交政策推行公交优先战略[④]，让人感觉乘坐公交车辆比自驾车和乘坐出租车更快捷、方便和经济；另外政府还应对出租车数量进行适当控制，不能无限制地发展，出租车企业可以采取增加电话预约，实行统一调度的措施，减少车辆空驶率，从而减轻对道路交通的压力。[⑤]

（4）进行公务车改革。政府身具城市交通供给方与需求方的双重身份，在制订交通政策时，如何身先士卒带头减少小汽车使用，减少交通需求量，这是解决交通拥堵问题的很重要的因素，直接影响政策的制定与实施效果。因此，我国应尽快进行公务车改革，可以借鉴发达国家的经验，成立一个统一的独立的社会交通服务公司，独立经营、独立核算、自负盈亏，根据不同需要配置不同档次的不同数量的车型。

---

① 赵玉肖、李现者：《我国城市交通拥堵原因及对策》，《河北交通科技》，2006 年第 9 期。

② 袁东振：《国外如何应对“城市病”》，《科学决策》，2005 年第 8 期；胡晓娟：《基于“城市病’现象的中国城市化研究》，《长沙民政职业技术学院学报》，2010 年 6 月第 2 期；穆光宗：《人口增长与大城市病诊治——以北京市为例》，《人民论坛》2010 年第 11 期。

③ 曾长秋、赵剑芳：《我国现代化进程中的“城市病”及其治理》，《湖南城市学院学报》，2007 年 9 月第 5 期。

④ 朱向军：《破解城市交通拥堵需要综合治理》，《现代城市》，2011 年第 1 期。

⑤ 王中亮：《治理城市交通拥堵的对策思考——以上海为例》，《上海经济研究》，2006 年第 4 期。

各政府单位根据自身需要租用车辆并交纳相关费用；或者采取公务交通货币化，即按级别或工作性质把交通费每月发到工作人员手中，超支不补，节约归己。通过这两种方式，不仅可以大大减少小汽车的数量，也可以节省大量的车辆购置、保养维护以及相关服务费。（朱灿阳，2009）

（5）提高交通管理的水平和科技含量。政府有关部门应加快城市智能化交通管理系统[①]建设，利用先进技术提高现有交通设施的使用效益：①通过对路网数据库的建立和管理、路网交通负荷评价、路网交通流量的分配来整体研究城市交通网络信号和交通流优化组织的最佳方案；②利用互联网、电话、户外交通信息牌等及时向市民发布最新的交通信息，指导出行[②]；③用 GPS、GIS 等技术定位交警巡逻车和事故牵引车（朱灿阳，2009），及时排除车流的异常情况，保障道路的畅通；④建立以“巡逻岗”为主的新型的勤务制度，增强路面管理的机动性，提高处理各种交通情况的快速反应能力。

（6）强化市民交通素质，推进交通管理的社会化、法制化。城市交通拥堵，本质上就是人、车、路之间的矛盾，而人是其中最根本的因素，所以必须充分利用各种新闻媒体和群众喜闻乐见的方式，加强对公共交通知识的宣传与法律教育，开展交通文明宣传进社区、进家庭、进学校、进单位、进农村活动，号召市民文明行车、乘车、停车、行路[③]，把宣传教育和严格管理的触角深入社会每个角落。此外，还应加强交通法律制度建设。我们不能完全倚靠“道德”发挥约束人们行为的作用，发达国家的管理经验证明，道德感需要靠完善的制度来

① 高鹏、张子秦：《城市交通拥堵分析及对策研究》，《交通科技与经济》，2011 年第 2 期。
② 范生海：《中国城市交通拥堵对策》，《交通标准化》，2007 年第 6 期。
③ 朱向军：《破解城市交通拥堵需要综合治理》，《现代城市》，2011 年第 1 期。

加以强化。只有推进交通管理的社会化、法制化，加强对驾驶员和行人等多由交通参与者的执法力度，才能使其养成良好的交通习惯，确保畅通的交通环境。

5. 通过对以上四个方面的分析和梳理，针对环境污染问题在宏观层面可以形成的对策举措和思路体系①

（1）管制措施。最严厉的管制措施就是政府颁布法令，认定排污行为为违法，并依法追究违法者的法律责任。另一种管制措施是向排污企业征收排污费，即谁排污谁付费原则，目前应采取排污即收费和超标加重收费相结合的收费制度。

（2）税收政策。由国家通过增税或减税来防治环境污染，污染严重的企业所承担的税率要高，而且对特别污染企业还可以加征特别税。而对环境污染治理好的企业，则可减免一部分税。通过税收这个经济杠杆达到治污防污的目的。

（3）财政政策。一是通过信贷杠杆来调整企业防治环境污染的行为，企业防治环境污染的资金或综合利用废弃物的技改项目，可向银行申请低息、贴息贷款；而对污染严重企业进行信贷控制，不接受贷款申请或提高贷款利率。二是由国家和地方财政提供专项资金对污染治理做得好的企业给予财政补贴。三是完善保险制度，由排污企业向保险公司交纳一定量的保证金，出现污染环境事故后由保险公司向排污企业提供污染赔偿和污染治理资金。

（4）排污许可证制。由政府通过向排污企业发放一定量的许可证，允许它们释放一定量的污染，从而建立起一个买卖允许排放量的市场，由排污企业共同分担治污费用。

① 李西建：《城市环境污染的根源及治理措施》，《西安工程学院学报》，2002年第3期。

（5）产业政策。调整产业结构，对污染严重企业坚决实行关、停、并、转，大力提倡清洁生产，提高生态农业、绿色工厂在农业和工业产业中的比例。

（6）城市经营理念。强化和推动城市经营的先进理念，科学规划，严格管理，将整个城市化过程纳入到国家和地区的可持续发展战略之中，实施可持续发展城市化战略。

6. 针对城市住房困难问题，在宏观层面可以形成的对策举措和思路体系

（1）户籍政策。加快推进户籍制度改革，切实打破城乡二元分割格局是解决广大农民工群体住房困难问题的根本保证。户籍制度本身是一种歧视性的政策，有悖于现代公民身份发展的基本要求。因此，要努力缩小、剥离和消除与户籍制度紧密连带的诸种经济、社会和文化权利，加大城乡统筹一体化建设，逐步实现公共服务均等化。现行的住房保障政策一般都是以具有本市户籍的住房困难家庭和单身居民为基本保障对象，而数量庞大且对正处于住房需求旺盛期的农民工群体则被排除在外。因此，针对住房困难问题而言，就是要逐步取消“户籍”作为申购保障性住房的强制性标准和条件。

（2）土地财政政策。自 1994 年分税制改革以来，尤其是随着住房商品化改革的不断推进，“土地”成为了地方政府财政收入的重要来源，因此我国形成了一种“土地财政主导的城市化模式”①，即“土地既启动了工业化，又启动了城市化，并持续提供动力”②。这种模式使得，一方面城市地价、房价不断高涨，另一方面，开发商“囤而不发”屡禁不止，土地不能形成有效的房地产供应，造成大量闲置和浪

① 张明贵、高自强：《应坚决摒弃土地财政主导的城市化》，搜狐理财网，2011 年 4 月 7 日。
② 刘守英：《土地财政出路在于改变城市化动力机制》，《农村经营管理》，2011 年第 5 期。

费。二者相互促进，已经形成恶性循环；而且土地、财政、金融、房地产之间形成了唇齿相依的链条，一个环节出问题，整个链条就瘫痪。因此，唯有破除“土地财政”的怪圈，重建城市化的动力机制，才能真正确保住房事业的积极、健康发展。

（3）税收政策。大力通过税收杠杆来调控房地产和住宅产业的建设和发展。具体而言，主要涉及四个基本方面的举措：其一，通过税收优惠政策，切实激励和调动房地产商投资、开发和建设保障性住房的积极性和主动性；其二，针对房地产商大量囤积的土地和房屋予以严厉的税收处罚；其三，针对低收入家庭、低收入群体购房给予税收优惠；其四，积极稳妥推进房产税试点；其五，针对土地出让金收入进行征税，并将税金专项用于住房保障。

（4）住房保障政策。进一步完善社会保障政策体系，加强社会保障体系的覆盖面和覆盖力度；同时，将住房保障放在突出位置，探索建立“统一性住房保障制度和过渡性住房保障制度相结合的体制机制”①；健全“经济租用房、廉租房、经济适用房、限价商品房”四位一体的住房保障体系②。

## 三、缓解城市病的研究和实践

### （一）缓解城市病的理论

城市病首先出现于发达国家，因此发达国家很早就开始了相关的

① 黄亚林：《农民工住房问题的制约因素及解决路径》，《当代经济》，2011 年第 1 期。

② 金三林：《解决农民工住房问题的总体思路和政策框架》，《开放导报》，2010 年第 3 期。

研究。早在20世纪初，发达国家就针对城市病形成了城市规划的两大理论体系，即结构理论和规程理论。结构理论是关于城市总体结构的规划理念，是针对城市出现的问题提出来的，如：在处理城市大规模扩展方面，形成了恩温的卫星城市模式，沙利文的有机疏散理论和戈德曼的连绵城市带理论等；在城市更新和历史街区保护上，形成了生长型簇状城市结构、拼贴式结构和空中街道式的多层城市模式，以及阿朗索的城市土地利用的循环结构模式等。规程理论是关于城市规划方式及过程变迁的规划理论，其代表之一是合理的综合规划理论，强调依据公共利益和社会公平的新的规划标准，将总体规划追求的未来物质蓝图发展成市场主导下的社会经济不断推移的、渐进的和循环的规划调谐过程。

"紧凑城市"[①] 是针对城市无序蔓延而提出来的城市可持续发展理念，主张人们居住在更靠近工作地点和日常生活所必需的服务设施的地方，是一种基于土地资源高效利用和城市精致发展的新思维。这一理念最积极的倡导者是欧共体，其1990年发布的《城市环境绿皮书》中将"紧凑城市"作为"一种解决居住和环境问题的途径"，认为它是符合可持续发展要求的。之后，学术界对紧凑城市的探讨逐渐增多，形成了这样一些共识：紧凑城市是高密度的、功能混用的城市形态；其优点在于对乡村的保护、出行较少依靠小汽车、减少能源的消耗、支持公共交通和步行、自行车出行、对公共服务设施有更好的可及性、对市政设施和基础设施供给的有效利用、城市中心的重生和复兴。

---

① 马奕鸣：《紧凑城市理论的产生与发展》，《现代城市研究》，2007年第4期；韩笋生、秦波：《借鉴紧凑城市理念，实现我国城市的可持续发展》，《国外城市规划》，2004年第6期。

“精明增长”[1]是产生于美国城市规划学界的一个概念，指的是近年来美国针对“蔓延增长”问题所采取的各种引导措施。其基本出发点是保护环境和建设宜居的城镇。精明增长呼吁对中心城区或比较旧的郊区加强投入以恢复这些社区的活力。对于新开发的社区，精明增长所倡导的发展模式是平衡多种土地使用功能的混合，并配以多种模式的交通系统来为步行、自行车、公交和小汽车等各种出行方式服务。

### （二）缓解中国城市病的对策

基于以上对城市病及其原因的分析和判断，目前，我国针对城市病的治理的基本思路是：“以发展克服城市病，以规划消除城市病，以管理医治城市病”的防治城市病的宏观理论。该思路是在《2001～2002中国城市发展报告》中提出的，其中肯定了“城市病”是发展病，唯有通过发展才能克服，明确了城市病的本质和防治城市病的方向，并揭示了防治城市病与加快城市化进程并行不悖的内在规律；同时，在规划中消除和在管理上医治城市病，不仅提出了城市病的本质根源在于城市系统存在的缺陷，而且更重要的是提出了防治城市病的目标在于规划，防治城市病的重点在于管理，体现了防与治的辩证统一[2]。

围绕这一基本思路，形成的主要对策举措有以下几点。

（1）经济发展方式的转变。自2008年世界金融危机以来，无论是中央，还是地方，都对转变经济发展方式的必要性和紧迫性在思想

① 蔡小波：《精明增长及其对我国城市规划管理的启示》，《热带地理》，2010年第1期；诸大建、刘冬华：《管理城市成长：精明增长理论及对中国的启示》，《同济大学学报》（社会科学版），2006年第4期。

② 周加来：《“城市病”的界定、规律与防治》，《中国城市经济》，2004年第2期。

认识层面形成了基本共识。与“经济增长”理念形成鲜明对照的是，“经济发展”不仅包含经济增长的内容，而且更加注重经济的质量和构成、生态资源环境的保护以及居民生活质量的改善和幸福感的提升[①]。这就意味着“城市”在贡献和助力（全国和省域）GDP的方式将实现重大转型，即不再单纯地依附于某一个或几个特大型城市，而是将其牢固扎根于一个个有机整合的城市群之中。就此而言，就是要构建以城市群为主体形态的城镇体系，就如同美国三大城市群、日本的三大城市群的GDP占全国60%~70%一样[②]；同时，要实现大小城市的协调发展，改变传统的偏重于大城市的政策倾向，使小城镇与大城市形成和谐互动的关系[③]。要从实际出发，合理规划城市的定位、发展战略和发展重点，从而避免城市职能的趋同化[④]。尤其值得指出的是，针对城市病的治理，在《中共中央关于制定国民经济和社会发展第十二个五年规划的建议》中专门论及了这一点，这也是我国在国家发展战略和规划层面上首次将破解城市病纳入视野。

（2）法律法规体系的完善。法律法规体系的建设和完善是根治城市病的基本保证。应当指出的是，我国“城市病”的产生和加剧很大程度上源于城市规划的紊乱。因此，制定科学的城市规划，明确城市的功能定位，且城市规划必须通过立法的形式确定下来，并有强有力的监督执行机制就显得尤为关键[⑤]。政府要完善城市管理制度，要加强城市的立法，尤其是对就业、土地利用、环境污染等通过立法强化，

① 俞斌：《经济增长与经济发展之间的关系》，《价值中国网》，2008年1月22日。

② 张汉飞：《我国城市病的表现及治理》，《天津日报》，2010年11月8日。

③ 罗旭敏：《我国城市病问题比较思考》，《上海城市管理职业技术学院学报》，2004年第1期。

④ 刘志慧等：《城市化进程中的“城市病”的解决措施研究》，《才智》，2008年第23期。

⑤ 张晖明、温娜：《城市系统的复杂性与城市病的综合治理》，《上海经济研究》，2000年第5期。

在法律上保证[①]。同时，针对容易造成环境污染的污水处理、垃圾处理等市政公用事业领域，中央和各地方都制定了相应的收费制度和实施措施，并在实践中逐渐取得较好成效；针对房价高企、住房困难等问题，中央不仅继续加强宏观调控的力度，而且积极探索试行“房产税”等举措；针对交通拥堵问题，有些城市也开始诉诸通过立法来获取支持，譬如作为全国机动车密度最高的城市，深圳市近年来正制定《深圳经济特区道路交通安全管理条例》，并试图开征“交通拥堵费”[②]。总体而言，目前我国关于“城市病”治理方面的政策法规体系普遍法律位阶偏低，且与西方发达国家多以“税”（如排污税、产品税）[③] 的形式治理“城市病”不同的是，我国现阶段仍主要以“费”为主。

（3）城市发展理念的创新。传统的城市发展模式十分推崇“效率至上”，把经济发展作为发展的全部。随着现代社会的发展，传统发展观念带来的城市病日益突出，从而促使了城市发展理念的更新。在这方面，我国一方面积极学习和引进西方发达国家的先进城市发展理念，同时也努力根据我国国情和城市自身状况不断探索和创新城市发展理念。从目前来看，在全国各城市涌现出了诸如建设“健康城市”、“宜居城市”、“紧凑城市”、“低碳城市”、“智慧城市”、“森林城市”等各种各具特色的城市发展理念。应当说，这些名号不一的叫法，在其背后实际上都反映了一个根本性的理念，即促进城市的持续、健康、幸福发展，使其真正成为理想的人居之地。如有论者指出，要树立以

① 刘志慧等：《城市化进程中的“城市病”的解决措施研究》，《才智》，2008 年第 23 期。

② 李舒瑜：《深圳市开全国先河为“治堵”立法》，《深圳特区报》，2011 年 4 月 22 日。

③ 李瑞杰：《西方发达国家在环境污染规制方面可供我国借鉴的经验》，《管理学刊》，2009 年第 10 期。

人为本、城市治理的理念，即在城市提供公共服务的过程中，要树立新型城市治理的理念，要改变过去城市治理的传统管理意识，更多地强调在提供公共服务的过程中让公众以不同的方式从不同的角度参与。同时，政府要从管理型向服务型政府转变，当好城市的“守夜人”，从制度安排上为城市病的解决提供保障①。还要借鉴发达国家经验，采取“逆城市化”方式，加强科学严谨的城市规划布局，强化政府在城市化进程中依法调控和经营城市职能，通过“都市化小城镇”建设，缓和降低城市病对居民身心健康的危害、推进城市化在新的空间可持续发展②。要使经济、规划、建筑、艺术、文化等专业人员成为城市价值和城市标准制定的重要参与者，凝聚和形成影响城市发展的新的理性力量，建立新的城市价值标准影响机制，以新的城市开发理念来影响城市建设③。

（4）公共服务体系的倾斜。作为中国社会中的一个庞大群体，农民工日益成为中国城市社会结构的一个重要组成部分。这些农民工群体常年生活和工作于城市之中，为城市的建设和发展做出了不可磨灭的重要贡献。然而，他们的身份却依然被束缚和限定在农民上，并且实际上成为了城市中的“二等公民”，无法平等地享受城市里提供的公共服务和社会福利。从目前来看，尤其是中央大力推进城乡统筹一体化建设以来，各地方政府在公共服务体系均等化建设方面有了较为明显的成效，如成都、重庆等地在住房保障体系建设方面就采取了一系列城乡统筹措施。正如有论者指出，已有研究往往单纯从城市自身

① 张汉飞：《我国城市病的表现及治理》，《天津日报》，2010年11月8日。

② 张虎林：《“逆城市化”现象对我国城市病防治的价值研究》，《社科纵横》，2004年第6期。

③ 唐黎明：《城市病根源于战略眼光的欠缺》，《社会科学报》，2010年12月16日。

角度去思考和解决“城市病”，事实上，城市和乡村作为整个国民经济系统的两个组成部分，必然相互影响、相互制约，因此应当从城乡关系角度去研究城市病，寻找更为根本和深远意义的解决之道[①]。具体而言，基本要点有三：其一、努力解决城乡教育失衡问题；其二、将农村基础设施建设纳入战略高度；其三、设法保留农民工的“保命田”。也有论者认为，医治大城市病的良药就在于，创造机会均等的国内市场环境，消除“城内”与“城外”的巨大差异[②]。因此，政府要加大城市基础设施投资比例，促进城市经济持续发展；加强对城市基础设施部门的管理和改革，加强基础设施管理各部门的统一协调，加强其社会化管理[③]。

本部分执笔人：佘　宇　王宇成

① 刘永亮、王孟欣：《城乡失衡催生“城市病”》，《城市》，2010年第5期。

② 秦毅：《医治大城市病的药方在“城外”》，《中华建筑报》，2010年8月31日。

③ 段小梅：《城市规模与“城市病”：对我国城市发展方针的反思》，《中国人口、资源与环境》，2001年第11期。

附件五

# 城市发展的愿景

## 一、健康城市

世界卫生组织1994年给健康城市的定义是："健康城市应该是一个不断开发、发展自然和社会环境，并不断扩大社会资源，使人们在享受生命和充分发挥潜能方面能够互相支持的城市。"建设健康城市，要求发挥地方政府在公共卫生方面的作用，鼓励政府履行从大众健康出发的政策，不断地创造和改善物质与社会环境，不断地扩充新的公共卫生资源，让人们在生活的各个方面得到有利于健康的帮助，使城市成为由健康的人群、健康的环境和健康的社会有机结合的发展的整体。

为了推进世界健康城市建设的步伐，WHO将1996年4月7日的世界卫生日主题确定为："城市与健康"，并进一步整理、公布了健康城市的10项具体标准及其内容，为各国开展健康城市建设提供了良好的借鉴和参考。

健康城市主要涉及七大领域：即政治领域（领导参与、政策制定），经济领域（就业、收入、住房），社会领域（文化、教育、福利、保障），生态环境（生态平衡、污染控制和资源保护），生物、化学和物理因素（医疗卫生技术及其服务和营养供给及其安全卫生等），社区生活（健康的社区邻里关系、文明的风尚等），个人行为（心理卫生、行为矫正和健康生活方式的鼓励等）。

这10项标准包括：①为市民提供清洁和安全的环境；②为市民提供可靠和持久的食品、饮水、能源供应，具有有效的清除垃圾系统；③通过富有活力和创造性的各种经济手段，保证市民在营养、饮水、住房、收入、安全和工作方面的基本要求；④拥有一个强有力的相互帮助的市民群体，其中各种不同的组织能够为了改善城市健康而协调工作；⑤能使其居民一道参与制定涉及他们日常生活，特别是健康和福利的各种政策；⑥提供各种娱乐和休闲活动场所，以方便市民之间的沟通和联系；⑦保护文化遗产并尊重所有居民（不分其种族或宗教信仰）的各种文化和生活特征；⑧把保护健康视为公众决策的组成部分，赋予市民选择有益于健康的行为权利；⑨做出不懈努力争取改善健康服务质量，并能够使更多市民享受到健康服务；⑩能够使人们更健康长久地生活和少患疾病。

## 二、宜居城市

人本的理念是构建宜居城市的基础思想，人的需要理论是构建宜居城市的理论基础。马斯洛等关于“人类需求”的理论为城市人居环境的建设提供了心理学方面的依据。不同层次的人群对于宜居的需求各不相同，城市人居环境需求层次从低到高的不断提升也造就了城市物质空间的不同层次与属性。围绕着对于实体物质空间宜居性的探索，不同时期的城市规划工作者也提出了许多代表性的理论：如田园城市、明日城市、生态城市、花园城市、紧凑城市等。

具体来讲，1973 年，美国学者约翰斯坦在研究人们对居住区舒适度评价的因素中，发现以下三类因素影响巨大：①人类以外的环境要素，主要指居住区的自然景观特征；②人与人之间的环境要素，主要指邻里的社会特征，包括居住区居民社会联系的紧密程度、群体特征、居民受教育程度的高低、职业种类、经济收入水平等社会因素；③居住区的位置，包括离城市中心区的位置、离交通干线的距离、职住分离的状况等[①]。总结一下，“宜居城市”是指经济、社会、文化、环境协调发展、人居环境良好、能够满足居民物质和精神生活需求、适宜人类工作、生活和居住的城市。因此，建设“宜居城市”体现的是一个系统的、综合的概念，宜居建设包含有政治、经济、社会三方面的维度。政治上，体现了决策者从市民生活角度发展城市，与构建和谐社会、实践科学发展观具有密切的联系体现了“人治”的根本理念；经济上，以能否满足现有人口的居住需求，能否吸引新的、高素质的人口居住可以认为是衡量城市宜居建设成功与否的标准；社会上，坚持以满足市民的生存需求、发展需求、享受需求等为标准，不仅需要满足不同群体对于空间、环境等硬件设施的使用需求，同时也应该关注公共设施的使用权、公共政策的民主化、公共安全、公众参与历史文化等人类物质需求以外的其他方面，切实满足人类“社会性”特质的各类需求。总之，宜居城市建设的政治、经济、社会三维度，

① 张文忠：《宜居城市的内涵及评价指标体系探讨》，《城市规划学刊》，2007 年第 3 期。

包含了城市竞争力的多种要素，同时成功的宜居城市建设以舆论为载体，在树立城市品牌、推广城市营销方面具有重要作用。能够吸引更多的可用社会资源，推动城市良性发展，满足城市人民物质文化生活需求。

## 三、生态城市

生态城市，是在20世纪70年代联合国教科文组织发起的“人与生物圈（MAB）”计划研究过程中提出的，一经出现，立刻就受到全球的广泛关注。关于生态城市概念众说纷纭，至今还没有公认的确切定义。苏联生态学家杨尼斯基认为，生态城市是一种理想城模式，其中技术与自然充分融合，人的创造力和生产力得到最大限度的发挥，而居民的身心健康和环境质量得到最大限度保护。黄光宇教授认为，生态城市是根据生态学原理综合研究城市生态系统中人与“住所”的关系，并应用科学与技术手段，协调现代城市经济系统与生物的关系，保护与合理利用一切自然资源与能源，提高人类对城市生态系统的自我调节、修复、维持和发展的能力，使人、自然、环境融为一体，互惠共生。

（1）生态城市是一个复杂的人工复合生态系统。从生态学的观点，城市是以人为主体的生态系统，是一个由社会、经济和自然三个子系统构成的复合生态系统。生态城市是一个经济高度发达、社会繁荣昌盛、人民安居乐业、生态良性循环四者保持高度和谐，城市环境及人居环境清洁、优美、舒适、安全，失业率低、社会保障体系完善，高新技术占主导地位，技术与自然达到充分融合，最大限度地发挥人的创造力和生产力，有利于提高城市文明程度的稳定、协调、持续发展的人工复合生态系统。

（2）生态城市的创建标准。生态城市的创建标准，要从社会生态、自然生态、经济生态三个方面来确定。社会生态的原则是以人为本，满足人的各种物质和精神方面的需求，创造自由、平等、公正、稳定的社会环境；经济生态原则是保护和合理利用一切自然资源和能源，提高资源的再生和利用，实现资源的高效利用，采用可持续生产、消费、交通、居住区发展模式；自然生态原则是给自然生态以优先考虑最大限度的予以保护，使开发建设活动一方面保持在自然环境所允许的承载能力内，另一方面，减少对自然环境的消极影响，增强其健康性。

生态城市应满足以下八项标准：①广泛应用生态学原理规划建设城市，城市结构合理、功能协调；②保护并高效利用一切自然资源与能源，产业结构合理，实现清洁生产；③采用可持续的消费发展模式，物质、能量循环利用率高；④有完善的社会设施和基础设施，生活质量高；⑤人工环境与自然环境有机结合，环境质量高；⑥保护和继承文化遗产，尊重居民的各种文化和生活特性；⑦居民的身心健康，有自觉的生态意识和环境道德观念；⑧建立完善的、动态的生态调控管理与决策系统。

我国自20世纪80年代开始生态建设的探索。1999年海南率先获得国家批准建设生态省，2001年吉林和黑龙江又获得批准建设生态省，陕西、福建、山东、四川也先后提出建设生态省。约有20多座城市如天津、广州、上海、宁波、昆明、成都、贵阳、长沙、扬州、威海、深圳、厦门、铜川、十堰等都先后提出建设生态城市的奋斗目标。

# 四、低碳城市

低碳城市（Low - carbon City），指以低碳经济为发展模式及方向、市民以低碳生活为理念和行为特征、政府公务管理层以低碳社会为建设标本和蓝图的城市。低碳城市涵盖到城市的产业结构、建筑、交通、居民生活方式和政府政策等多个方面。

2010 年 8 月，国家发改委确定了五省八市作为首批低碳试点，分别为广东、辽宁、湖北、陕西、云南五省和天津、重庆、深圳、厦门、杭州、南昌、贵阳、保定八市。试点主要有五个方面的任务：一是编制低碳发展规划；二是制定支持低碳绿色发展的配套政策；三是加快建立以低碳排放为特征的产业体系；四是建立温室气体排放数据统计和管理体系；五是积极倡导低碳绿色生活方式和消费模式。

据不完全统计，中国目前至少有 100 个城市提出了打造“低碳城市”的口号，没有一个省份缺席。最新的成员是西藏自治区的首府拉萨，计划成为以应用太阳能为主的“太阳城”。但国家发展和改革委员会能源研究所研究员姜克隽在接受《中国青年报》独家专访时表示：“我国并没有一个真正意义上的低碳城市。”

# 五、国内城市的发展愿景举例

## （一）上海的“三市”建设

上海世博会告诉我们应该建设“和谐城市”、“健康城市”、“宜居城市”。一是“和谐城市”。不和谐的城市存在着严重的贫困现象，并且贫富差距会逐步拉大。而和谐城市，经济要发展，分配就要合理，一次分配、二次分配都应该更为合理，劳资关系等各方面都应该是和谐的，整个城市的经济、文化都应该是和谐的。二是“健康城市”。城市人要健康，整个城市也要健康。城市人的健康要包括身心健康两方面。如某企业曾出现连续员工跳楼自杀事件，就是因为城市、企业给人施加的压力过大，导致了人的病态、城市的病态。三是“宜居城市”。宜居城市，指适宜人居住的城市。什么是“宜居城市”呢？每个人对此都有不同的理解。比如有人提出一个概念，叫做“1001”。前面的“100”是指户外要百分之百的没有汽车，整个市区就像大公园一样；后面的“1”是指居民整体的上下班通勤时间不超过一个小时，而且其中有半个小时左右的时间是步行，这就是“宜居”。这也解释了为什么国外的宜居城市往往都是中小城市，因为相对而言中小城市的汽车较少，空气较为清新。

### （二）重庆的“五市”建设

早在2008年，重庆市就拉开了“五个重庆”建设序幕。重庆市立足科学发展、城乡统筹，提出并实施宜居重庆、畅通重庆、森林重庆、平安重庆、健康重庆发展思路和政策措施。

（1）宜居重庆。拆迁改造主城区危旧房400万平方米，工矿棚户区70万平方米。完成主城居住小区1000万平方米环境综合整治。单位生产总值能耗下降4.7%，全社会化学需氧量、二氧化硫排放量分别下降2%和4%，主城区空气质量优良天数力争达到300天。

（2）畅通重庆。新增高速公路400公里、长江航运集装箱吞吐能力72万标箱，航空旅客吞吐量增长14%。完成城市轨道交通建设投资70亿元。

(3) 森林重庆。建成国家园林城市。森林工程建设全面推进。全市森林覆盖率达到35%，城市人均公共绿地达到8平方米。

(4) 平安重庆。安全事故死亡人数下降2.5%。刑事案件高发势头得到有效遏制，群众安全感保持在90%以上。矛盾纠纷调处成功率85%以上。

(5) 健康重庆。标准化乡镇卫生院、社区卫生服务中心分别超过55%和60%，儿童和孕产妇保健覆盖率分别达到90%和75%。人均体育场地面积达到0.8平方米，经常参加体育活动人数占比达到39%，国民体质抽样合格率达到87%。

本部分执笔人：李彦龙　齐浩良

# 参考文献


[1] 中共四川省委组织部课题组．领导干部政绩考核指标体系及评价办法．中共四川省委党校学报，2004（3）

[2] 朱诗柱．我国经济社会发展深层矛盾的财税体制根源探析．原载于中央党校学报（理论网），2007年10月15日

[3] 高培勇．结构性减税要对接税制改革方向．中国财经报，2011-12-26

[4] 李保春．我国土地财政现象若干思考．财政研究，2010（7）

[5] 杨光斌．我国现行中央与地方关系下的社会公正问题与治理．社会科学研究，2007（3）

[6] 沈荣华．政府间公共服务职责分工．北京：国家行政学院出版社，2007.

[7] 安徽实施政绩考核新体系．新华网，2011年8月24日

[8] 济南“5+1”考核体系：民生指标占政绩考核权重30%．半岛新闻，2010年11月6日

[9] 广东首批幸福指数拟年底前公布纳入政绩考核．凤凰网，2011年10月12日

[10] 张孝德．城市病是工业文明病的集中体现．中国经济时报，2011-2-21

[11] 冯蕾，李慧．城市何时告别“规模崇拜症”．光明日报，2010-10-10

[12] 朱颖慧．城市六大病：中国城市发展新挑战．光明日报，2010-10-29

[13] 北京发展面临六大问题．北京城市总体规划（2004~2020）实施情况评估工作报告

[14] “城市病”不是必然要产生的．中国公安大学教授、户籍改革研究专家王太元作客人民网

[15] 拥堵创纪录：六大因素导致京城交通瘫痪．中国广播网，2010年9月18日

[16] 林志远．北京人口膨胀的三个主要原因．北京观察，2007（1）

[17] 中国三十年城市化得与失．南方周末，2010-4-9

[18] 李英辉，刘丹．调查显示北京上班族每天路上花费 70 分钟．京华时报，2009 - 3 - 20

[19] 辜胜阻，李华．缓解“大城市病”需实施均衡的城镇化战略．中国经济时报，2011 - 4 - 8

[20] 于恒舟．北京人上班时间平均一小时．娱乐信报，2005 - 11 - 15

[21] 穆光宗．人口增长与“大城市病”诊治——以北京市为例．人民论坛学术前沿（总第 308 期），2010 年 11 月 29 日

[22] 江珍妮，王作葵．北京立交桥过于复杂：设计存在“心理陷阱”．新华网，2004 年 8 月 13 日

[23] 上海社会科学院城市与区域研究中心．国际城市发展报告 2012. 北京：社会科学文献出版社，2012

[24] 邵挺．德国房价涨幅长期保持较低水平的经验及启示．中国经济时报，2012 - 2 - 16

[25] 王小鲁，夏小林．优化城市规模推动经济增长．经济研究，1999（9）

[26] 王小鲁．中国城市化路径与城市规模的经济学分析．经济研究，2010（10）

[27] 王玲慧，万勇．国际大都市新城发展特点比较．城市问题，2004（2）

[28] 张暄．从东京的城市管理经验看北京的人口调控方式．北京广播电视大学学报，2010（4）

[29] 邓伟志．当代“城市病”．北京：中国青年出版社，2003

[30] 严凌君．深圳城市病：新移民散文．北京：新华出版社，1998